바람이 분다

바람이 분다

| 박용자 시집 |

● 시인의 말

인생길은 산길만 같아 한 고개 넘으면 또 한 고개가
기다려 오르며 내리며 앞만 보고 걷다 보니
어느덧 석양에 닿은 듯합니다.

돌아보니 하루를, 한 달을, 일 년을 보내며
힘이든 날에도 평온한 날에도 그리운 날에도
기도하는 마음으로 한 줄 한 줄 써 내려간 것들을
모아 묶어보니 그 속에는 하루의 고뇌와 하루의
사랑과 하루의 행복이 들어 있는 듯합니다.

부끄럽지만 감히 용기를 내어 시집을 내놓게 되어
다행이라 생각됩니다.

2020년 봄에

박 용 자

제1부
그리운 사람

● 시인의 말

사랑과 미움 ― 13
향기 ― 14
두 길 1 ― 15
봄비 ― 16
욕망 ― 17
장기수 ― 18
바닥 ― 20
어떤 날 2 ― 21
그리운 사람 ― 22
두 길 2 ― 23
소중한 게 무엇인지 ― 24
몽돌 ― 26
가버린 사랑 ― 27
마음 2 ― 28
필요의 길 ― 29
이젠 웃어도 되오 ― 30
작은 우주 ― 32
먹향 ― 33
두 길 3 ― 34
정 ― 35
콩 ― 36

제2부
너와 나의 사랑은

묵선 __ 39
너와 나의 사랑은 __ 40
그리움 __ 41
메아리 __ 42
밤비 __ 44
안개비 2 __ 45
눈물 __ 46
그곳에 __ 47
고향 __ 48
멈춰보라 __ 49
작은 즐거움이 되는 날이다 __ 50
후회 __ 51
오기 __ 52
그때 그랬더라면 __ 53
상심하지 마시오 54
눈동자 2 __ 55
착각 __ 56
풀꽃 __ 57
회한(悔恨) __ 58
그리움의 스위치 __ 59
떠난 것이 아니었습니다 __ 60

제3부
지독한 짝사랑

왜인지는 몰라도 __ 63
내려가는 길 __ 64
봄이 되면 몸이 아프다 __ 65
그곳엔 __ 66
늙었다는 건 __ 67
꽃길 __ 68
노래가 되는 날 __ 69
지독한 짝사랑 2 __ 70
큰 바위 __ 71
날씨 좋은 봄날에 __ 72
당신에게 __ 74
바람 3 __ 75
미로 __ 76
노목 1 __ 77
행복해도 될 것이오 __ 78
놓친 정신줄을 찾게 하네 __ 79
노목 2 __ 80
쑥 __ 82
당신이 떠난 순간 __ 83
지독한 짝사랑 3 __ 84

제4부
눈 온 날 아침이다

계속되는 길 — 87

석양 1 — 88

마음 2 — 90

너무 슬퍼하지 마오 — 91

모성 — 92

세월이 한참이나 흐른 후에야 안다 — 94

10월의 마지막 날에 — 96

해법 — 98

왜인가요 — 100

산사 — 101

앞만 보고 걷는다면 좋을 것이오 — 102

기도를 한다 — 104

슬픔을 나누고 싶다면 — 106

인연 — 107

잘 산 거라 생각될 겁니다 — 108

부메랑 — 110

마음 — 112

회귀 — 114

마음자리 하나였네 — 116

그대 — 117

눈 온 날 아침이다 — 118

깊은 밤 — 120

제5부

바람이 분다

바람이 분다 1 ___ 123
당신 2 ___ 124
산소에서 ___ 125
바람이 분다 2 ___ 126
독백 ___ 128
몸만 더 아프다 ___ 129
저승길 ___ 130
방황 ___ 131
5월의 논둑 ___ 132
바람이 분다 3 ___ 133
인생 ___ 134
알밤 ___ 136
석양 2 ___ 137

사노라면 ___ 138
고갯길 ___ 139
청정심 ___ 140
그 세월 속에는 ___ 142
인생길 ___ 144
산수유 ___ 146
바람이 분다 4 ___ 147
다 괜찮아질 겁니다 ___ 148
지나간 봄 ___ 150

● **해설** 작품의 순수성(純粹性)과 일상적인 시어(詩語)들 /
박영교(시인 · 평론가) ___ 152

제1부
그리운 사람

사랑과 미움

미움받는 건
미워하는 마음을 주었기 때문

사랑받는 건
사랑하는 마음을 주었기 때문

사랑이 채워질 곳간 안에다
미움으로만 채우고 살다가

조각난 세월을 주워서 다시 보니
사랑도 미움도 다 떨어져 있어

사랑만 남겨두고
미움은 주워 저 멀리 던져 버린다

향기

그곳엔 향기가 있다
날 듯 말 듯 은은한 향기가 그곳엔 있다

선한 사람들이 모여
하나의 향기를 만들어 내는 곳

점점이 모아지는 향기 속에는
착한 사람들의 마음이 모여 있다

두 길 1

인생길에서 두 길을 만나
한 길이 좋아 보여 그 길로 들고 보니
그곳은
미움과 원망이 숨어 있는 갈등의 길이었어요

인생길에서 두 길을 만나
한 길이 좋아 보여 그 길을 들고 보니
그곳이
바로 욕심을 버린 해탈의 길이었어요

갈등의 길인지 해탈의 길인지 가고 나서야 알았으니
가보지 않고는
쉽다 힘들다 하지는 말아야겠지요

이제는
두 길 다 가 보았으니
갈등하지 않을 줄 알았는데 아직도 망설여지는 건
잡고 있는 그 욕심 놓지 않은 때문이라오

봄비

비가 온다
봄비가

지난겨울
눈이 그리도 많이 오더니 만
그 눈 녹기도 전에 봄비가 온다

지금 땅속에선 탄생을 준비하는 듯
또 다른 기운이 하늘로 솟구친다

봄이 문턱에 닿았는데
쏟아지는 봄비가
한가한 농부의 마음을 바쁘게 한다

지난겨울 폭설 때만큼이나
농심을 바쁘게 한다

욕망

채워준 대로 두지 않아
더 큰 그릇으로 옮겨지길 좋아한다

이것이면 행복인 줄 알았는데
저만치 앞서가 비웃고 있다

채울 수 없는 마음을
높은 곳에 두었으니
오늘은 내려앉았다가
내일이면 또 올라앉으려 하니
변덕 많은 이놈을 어쩌지 못한다

얼마큼 달려야
얼마큼 채워야
멈춰 서려는지

오늘도 쉬지 않고
큰 그릇이길 욕망하며
턱밑까지 찾아온 행복을 잡질 못한다

장기수

사람들과 한참이나 떨어져 앉은
가려진 구석구석엔
외로움의 조각들이 덕지덕지 붙어 있다

외로움의 향이 이리 진할 줄이야
그곳에선
익숙해진 부족함이 모든 걸 놓게 한다

따뜻한 온기로
바꿔주지 않는다면
미래는 까만 하루로 이어질 터이고

텅 빈 한 달이
의미 없는 10년으로
채워질 것이다

괴로움이 미움과 회한 되어
쌓인
증오에 찬 시선 속에 박힌
괴로움의 딱지들은 무엇으로 덜어낼까

지금은 희망을 잃어
삶의 무게를 줄여 줄 사람 없으니
한 평 공간의 회색 벽만큼이나
찬 외로움은 혼자 이겨내야만 한다

바닥

오르기만 하던 삶이 바닥에 닿았다
더 이상 내려갈 수도 없는 곳

갈등과 고뇌의 벽돌이
두껍게 쌓여 막혀 버린 그곳에는
찬 시선들이 날아와 심장에 박힌다

미움과 회한 속에 괴로움을 참느라
실낱같은 자존심을 아무리 꾸겨 넣어도 자꾸만 삐져나오는 건
삭막한 세상에 혼자 던져졌기 때문이다

웃음도 울음도 잃어버린 하루를 버티다
허공을 맴도는 눈동자가 자꾸만 멈춰
지나간 순간을 잡아 심장이 쥐어짜듯 더 아프다

실낱같은 희망도 잡을 수 없는 어두운 곳
모두가 외면하는 곳에 외로움을 삼키며
죽을힘을 다해 다시 올라가야 한다

슬픔은 뒤로 밀쳐놓고
떨어져 버린 이 바닥에서 올라가야 한다
이제는 둘이 아닌 혼자 힘으로 일어서야 한다

어떤 날 2

어떤 날 당신을 만났습니다
아직도 당신은 내 마음속에
자리 잡고 있었습니다

그동안 시간이 많이도 흘렀는데
시공을 초월한 거리에 있다 보니
한마디의 말도 건넬 수 없음이 아쉽습니다

지금 당신이
어디에 있건
그건 내겐 아무 상관이 없습니다

마음속에 들어와 앉은 당신을
보내지 않으려는 굳은 마음이기에
앞으로 더 많은 그리움을 안아야 할 것입니다

그리운 사람

산속에 네가 있어
잊었던 너를 그곳에서 만날 줄이야

파란 하늘 속 구름 위에도
잔잔한 호수 속에도

시선이 닿는 곳곳마다에도 너는 있어
잊은 듯
내게 담은 너를 그리워하니

가슴속에 숨어 앉은 너를
시시때때로 만나게 되는
이 작은 시간들이 있어 참 좋다

두 길 2

길이 좋아 보여 그 길로 갔습니다
길이 넓어 맘껏 달렸습니다
찬란한 태양을 인 그곳에서는 쉴 수는 없었습니다
그 길엔
권모술수가 만연한 인간이 있었습니다

숲을 품은 작은 길이 보였습니다
그 길로 내려섰습니다
그 길에선
속도를 낼 수 없었습니다
작은 숲속 작은 빛이 스며드는 그곳에서는 쉴 수가 있었습니다
사랑 안은 사람들이 그 길 속엔 많았습니다

소중한 게 무엇인지

소중한 게 무엇인지 잊고 살다가
그걸 잃은 후에야 알게 되지요
가진 것의 소중함을 알지도 못하면서
무엇이 소중한지를 잊고 살아요

춥고 그늘진 곳은 보이지도 않아
결핍의 고통은 남의 것이라 여기며
노력하면 뭐든 안을 수 있는 줄
자만하고 살았는데

어느 날
문득 남의 일로만 여겼던
아픈 상처가 헤집고 들어온 날에야
슬픔 안은 남의 아픔을 생각하게 합니다

가장 큰 기쁨의 가치가
채움보다 비우는 거라는 걸
그동안 어찌 그리 몰랐는지
지루한 삶 속에다 무게만 채우려던
살아온 지난 세월이 부끄러워집니다

하나씩 덜어내는
가벼움의 진실을 깨치며
비운 마음으로
하루를 맞게 된 날에야
소중한 것이 가장 가까이 있었음을 알게 합니다

이제
아집 속에 갇혀 살았던 시간을 잊으려니
가장 가까운 것들의 소중함을 알게 되어
오랜 세월
가슴 시리게 후회한 사랑은 이제 보내주고
남은 사랑만큼은 놓치지 않고 꽉 잡으렵니다

몽돌

속 탄 마음에 모여 앉아
한낮 바람에도
찾아온 파도에도
노래를 한다

외로움의 소리인지
속 아픈 소리인지
때리는 파도 소리가 너 있음을 알게 하지만
사이사이 끼고 드는 물바람에 시리듯 아프다

갈 수 없는 아쉬움에 모여 앉아
바람 타고 온 이야기에 밤새 귀를 모으다
여명에야 놀라 깨어나
찾아온 파도에게 못다 한 이야기를 실어 보낸다

가버린 사랑

울고 싶을 때 생각나는 사람
힘들 때에 생각나는 사람
한가한 날이면 더욱 생각나는 사람

계절의 변화를 잊고 살았듯
나의 변함도 놓치고 살면서
당신이 가버린 것도 잊고 삽니다

애당초 그리움 따윈 사치라 여기며
떼어 놓고 보낸 시간들이 참 많이도 흘렀는데
그동안 혼자가 아닌 듯 행복했던 이유는

쓰잘대기없는 곳에 기웃거릴 때에도
잊은 줄 알았던
당신이 늘 나와 함께여서입니다

생각나면 만날 수 있는 당신을
추억 속의 그리움이라 여기며 살아야겠지요
가버린 사랑이지만

마음 2

발도 없는 것이
천 리를 노닌다

날개도 없는 것이
만 리를 날아다녀

이곳저곳
기웃거리는 널 끌어다
제자리에 두어 보지만

그건 잠시
뒤도 돌아보지 않고
다시 여행을 떠난다

발도 없는 것이
날개도 없는 것이
천 리를 노닐다 만 리를 날아다닌다

필요의 길

가족 앞에서 걷던 길을
이제는 샛길에 내려서 있다

큰길은 애들에게 내주고
이제는 작은 길에 들어 있다

이 길엔 그늘이 많아
햇볕은 강하지 않지만
무척이나 작은 것들이 많고도 많다

편할 것 같아 뵈던
작은 길엔
앞이 트인 그 길 보담
자잘한 것들이 시간을 빼앗아

큰길에선 목표를 향해 달리지만
비켜선 이 길에선
없는 목표를 향해 간다

언제나 원할 때 가야 하기에
작은 길은 선택을 버린
필요의 길을 가야만 한다

이젠 웃어도 되오

긴 세월 힘들었으니 이젠 웃어도 되오
둘이 산 세월보다
혼자서 산 세월이 더 많았으니 그간 얼마나 힘들었겠소

매일 생기는 크고 작은 일들을
혼자 해결하느라 얼마나 외로웠겠소
책임에
앞만 보고 걸었으니 이젠 웃어도 되오

사는 동안
채찍만 한 자신에게도
이제
칭찬 한번 해주시오
인고의 세월을
용케도 잘 견뎌왔으니 이젠 웃어도 되오

샛길 한번 보지도 가지도 않았으니
대견하지 않으오
그간 많은 사람 만났으니
이제부터는 자신과 만나시오

자신을
아끼고 챙기고 행복하게 해 주시오

그러니
이젠 웃어도 되오

작은 우주

작은 개울 속엔
하나의 하늘과
하나의 구름이 들어 있다

작은 산과 작은 들판을 지나는
나와 자전거도
작은 개울 속에 모두 들어가 있어

갈대밭 실바람 속 작은 소리까지 잡아둔
작은 개울 속엔
작은 우주가 들어있다

먹향

먹향에 취해 급하게 먹을 갈면
먹은 갈리지 않아
써 내려가는 붓끝에서도 힘이 빠진다

원을 그리듯 천천히
먹향이 코끝에 닿을 때까지만
무심히 갈다 보면
어느새 짙게 변해
써 내려가는 붓끝에도 힘이 들어간다

검은색 하나로도
기도하게 하는
검은색 하나로도
마음을 모을 수 있는
흑백의 아름다움에 젖다 보니
시간과 나도 잊어버린 밤이다

두 길 3

두 길을 만났습니다
한 번에 두 길을 갈 수 없기에
한 길만을 택해야만 했습니다

몇 날 몇 밤을 새워도 답을 못 찾아
그 길 걷는 나를 보고
그 길 끝에선 나를 봤습니다

이제야
내가
가야 할 길이 환이 보인듯했습니다

정

자기 집 밥그릇은 챙기지도 못하면서
남의 집 숟가락 숫자에만 관심이 있네

작은 골에 사는 사람들은 정이 너무 많아
내 집 걱정은 제쳐두고 남의 집 걱정을 안고 사네

내 집 숟가락 숫자엔 보탬이 되지 않아도
남의 집 숟가락만 기억하려는 건 정이 많기 때문

바쁘게 지나칠 세월을 잡지도 못할 것을
한가하게 모여앉아 이집 저집 숟가락 세느라 세월만 가네

숫자가 틀리면 큰일이라도 날것처럼
모이면 확인하며 기억하려 애쓰네

아무리 세어본들 내 것 되지 않을 것을
남의 집 숟가락 세는 재미에 하루는 가고

정이 넘쳐흐르는 그 길을 따라가다 보니
내 집 밥그릇 넘쳐나는 걸 놓치고 마네

옆집 숟가락 숫자는 옆집에다 맡기고
내 집 밥그릇이나 잘 챙기시오

넘쳐흐르는 그놈의 정 때문에
내 집 숟가락마저 옆집 따라갈까 두렵소이다

콩

아기 가슴 솜털 달고
꼬투리 속 콩알이
하루하루 볼록볼록 커간다

가을볕에 봉울져 오르던 콩알이
누렇게 변한 잎사귀를 떨쳐내면
꼬투리 속의 콩알이 튀어나올 듯 탱탱해진다

노란 콩알 한 알 마다엔 자연을 품고 있어
가마솥에 콩알 익는 구수함에
올겨울에도 사람들은 행복하지 싶다

제2부

너와 나의 사랑은

묵선

시계 초침 소리가
심장을 때리는 밤에
놓친 잠에 일어나
정좌하고 앉았다

천천히
천천히
아주 천천히
먹을 갈다 보니

방안 가득
점점이 차오르는 묵향이
마음을 평온케 하니
쓰는 글씨 또한 술술 써 내려가

하얀 종이 위에 노니는
흑백의 아름다움에 빠져 있다 보니
이게 바로 묵선의 경지인 듯
홀로 이 밤 다 새워도 행복할듯하다

너와 나의 사랑은

너와 나의 사랑은
점점이 짙어지는 먹향 닮은 사랑이었으면 좋겠소
서두르지 않아도
바라만 보아도 좋은
그런 사랑이었으면 좋겠소

너와 나의 사랑은
서서히 젖어 드는 먹향 닮은 사랑이었으면 좋겠소
없는 듯 함께인 듯
가슴속 깊은 곳까지 닿을 수 있는
그런 사랑이었으면 좋겠소

너와 나의 사랑은
흑백 같은 사랑이었으면 좋겠소
볼수록 지루하지 않아 좋은
화려하지 않기에 더 좋은
그런 사랑이었으면 좋겠소

그리움

한 점 아픔까지
다 묻은 줄 알았는데

보낸 세월 속에는
걸러낸 기억들이 조각되어 남은 줄이야

아픔도 미움도 밀쳐버린 그 자리에 박혀
아름다운 추억 되어 남은 줄이야

잊은 줄 알았더니
기억 저 밑에 숨죽이고 있은 줄이야

모락모락 피어나는
그리움 되어 내 안에 숨어 있은 줄이야

메아리

억겁(億劫)을 떼어놓은 욕망의 신음 소리
내려앉은 일그러진 입술이
놓쳐버린 과거를 잡아 아프게 헤집는다

진한 무게로 내려앉은 그곳엔
작은 바람 소리조차 시끄럽다

돌아온 열기에 대지는 메마르고
뒤틀린 언어들이
모래알 씹듯 어걱 거린다

빨간 입술이
거부하기 시작한 고통으로
생채기를 낸 듯 뒤틀린다

두꺼운 벽을 미는
생소한 시선들에
달려오는 메아리를 안은 듯 비틀거린다

가슴에 두 손을 포개고
두 눈을 감아보지만
짙은 무게는 엉킨 당김으로
그곳엔 사랑을 안을 빈 곳이 없다

사랑으로 두 팔을 펼쳐 보지만
멀어진 헛된 메아리 되어
세찬 바람에 맞설 뿐이다

밤비

바람길에 묻혀온 밤비가
굵은 가지를 때려 깨우려니

창 사이를 비집고 들어온 바람이
시끄럽게 앉을 곳을 찾는 밤이다

비를 이고 온 바람이
작은 가지 속을 헤집는 밤에

물받이로 떨어지는 빗방울이
통통 귓불을 때려 깨우니

떨어지는 빗물 소리가
살을 헤집듯 시리도록 아프게 하는 밤이다

안개비 2

소리 없는 안개비가
세상을 숨겼다

발등밖에 보이지 않는 곳에 들어
기다림을 견디다 보니

조금씩 걷히는 안개비에
세상 문이 조금씩 열린 듯

갇혔다 나와 보니 전보다
더 많은 것들을 보이게 한다

눈물

울지 않겠다던 다짐은 어디로 가고
눈물이 양 뺨을 타고 내린다

자존심을 놓친 입술이
악문 이빨 사이를 비집고 들어앉아
아픈 신음 소리를 구겨 넣으려 경련을 일으킨다

흘러내린 눈물이 가슴을 타고 들어와
막혀버린 가슴을 뚫어 주는데

흐려진 눈물길에 서럽기만 한 건
아직까지도 자존심을 못 버린 때문이다

그곳에

거슬리지 않으려 인내하나
함께 있는 것만으로도 흉해지는 곳

더러움이 튕겨 붙어도
피하지 못하니 향기로울 수 없는 곳

사람들이 좋아해도
내 마음이 거부하는 곳

그들 따라 흐려지지 않으려니
마음 또한 깨끗해지는 곳

고향

긴 세월 떠돌다 고향에 돌아오니
산과 들은 옛 모습 그대로인데
그 속에 든 것들이 낯설기만 하다

고향에도
세월 속 순리는 피하지 못한 듯
잡지 못한 과거 속 시간들만 그 속에 쌓여있어

아쉬움에
옛 친구의 골 깊은 주름 속에서나마
애써 추억 속의 고향을 찾아보려 한다

멈춰보라

바람이 세찬 날에는 멈춰보라
시간이 지나면
그 바람 지날 터이니

칠흑 같은 밤을 만난 날에는 멈춰보라
어둠에 익숙해지면
방향이 보일 터이니

동행이 없다고 서둘지 말고 멈춰보라
외로움 속에도
많은 것을 안게 될 것이니

작은 즐거움이 되는 날이다

머리에 서리가 내리고
이마엔 깊은 골을 만들어
못 잡은 시간이 세월만 쫓아왔다

게으름 피우며 따라오지 않는 마음은
과거 속에 멈춰 나오려 하질 않아
골 깊은 주름 따윈 안중에도 없다 하니

순간을 과거에 두어보니
조금씩 꺼내 보는 이 추억들이
작은 즐거움이 되는 날이다

후회

자만심에 빠져
소중한 것들을 놓치게 될 줄을
그땐 정말 몰랐습니다

오만과 편견 속에 시간은 흘러
세월의 끝자락에 서고 보니
부질없는 세월 속 작은 점이었음을 알 것 같습니다

목숨줄 잡듯 오기를 부린 일들이
자존심을 지키려 편견 속에 갇혀 힘들게 했음을
세월 다 보낸 지금에야 알 것만 같습니다

오기

버린 줄 알았던 놈이
아직도 내게 숨어 앉았구나

거스르지 않기로 맹세한 지 오래이건만
그 약속은 어디로 가고
다시 서서히 올라오려 하는구나

아쉬움은 버렸는데 미련은 남아있어
마음 줄 다시 당긴다면
그 줄 끊어지면 어쩌려고

그곳에
마음 둠은 아니 됨을 알지만은
끌어둔 마음이 자꾸만 돌아서려 하는구나

이제는
제발 떠나주시오
미련 두지 말고 벌떡 일어나 떠나주시오

그때 그랬더라면

고민하고
고민하며 결정한 일이
잘못된 결과와 만났을 때

물밀듯이 밀려
코앞까지 와버린 일을 잡고
돌아가지 못함을 어쩌지 못한다

허락도 없이
내려앉은 머릿속의 상념들이
흘러간 세월 속에 숨어다니고 있어

화들짝 놀라 정신을 차려보니
이미 지난 세월은 잡을 수 없게 되었으니
홀로 앉아 "그때 그랬더라면" 하고 후회를 한다

상심하지 마시오

작은 나무라고 상심하진 마시오
작은 나무여도
꽃은 피울 테니

꽃이 작다고 상심하진 마시오
작은 꽃이어도
향기가 있을 테니

향기가 진하지 않다고 상심하진 마시오
은은한 향기가
세상을 바꾸는 것을

지금 빛나지 않는다고 상심하지 마시오
빛나지 않아도
존재할 가치가 충분한 것을

나 또한 빛나지 않아도 상심하지 마시오
빛나지 않는 사람들이 모여
세상을 빛나게 하는 것을

눈동자 2

너의 눈 속에 나를 담았고
나의 눈 속에 너를 담았다

나를 담은 네가 말을 하면
너를 담은 내가 화답(和答)을 한다

지금
너와 나는 조곤조곤 이야길 한다

깊디깊은 그곳에 빠져들어
아무도 모를 둘만의 이야길 한다

그곳은 너무 깊어
말을 건질 수도 없는 곳

너의 맑은 곳에 내가 들어가 있으니
나의 깊은 곳에 네가 들어와 있다

착각

내가 잘난 줄만 알았습니다
내가 똑똑한 줄만 알았습니다
그땐 정말 몰랐습니다

멈추고 멈춤이 계속되고서야
잘난 것도 똑똑한 것도 아님을 알았습니다
그냥 나일 뿐이었습니다

이제라도 만들어지는 사람이 아닌
만들어 가는 사람이 되어야겠습니다
의미 있게 살아가는 나여야겠습니다

풀꽃

앙증스러운 작은 풀꽃이
시선을 잡아
멈춰 서니
꽃과 정담을 나누던 벌이
화들짝 놀라 날아오른다

바람이 시샘하듯
풀꽃을 때리니
흔들리는
풀꽃 사이에 앉은 향기인 듯 노래인 듯
보는 나를 잠시 잊게 하는 순간이다

작은 풀꽃에서
드디어 무심을 찾은 듯
발길을 멈춰선 그곳에는
하루의 작은 행복이 숨어 있음에 놀란다

회한(悔恨)

저 산 닮은 심심(深心)이었다면
들판 닮은 청심(淸心)이었다면
강물 닮은 무심(無心)이었다면

그땐
사랑을 노래해도 행복할 수 있었음을
수많은 세월을 보낸
황혼의 끝자락에 서고 보니 이제야 알 것 같아요

지금에서야 삼심의 마음을 안게 되었는데
떠나간 사랑은 다시 안을 수 없으니
서러운 이 마음부터 놓아 버려야겠지요

그리움의 스위치

스치는 얼굴에도
문득
그리움의 스위치가 켜질 때가 있습니다

온몸의 기운이 당신에게 가 있음은
단지
근황이 궁금했을 뿐이라 우기고 싶습니다

외로움의 틈새를 비집고 들어오는 그리움이란 놈을
굳이
쫓아내진 않으렵니다

밤새 머물러 하얀 밤을 품게 하여도
그리움이란
어차피 머물 만큼 머물러야 떠날 터이니

그리움의 스위치가 켜진다면
두어두고
애써 끄려 하진 않으렵니다

떠난 것이 아니었습니다

당신이 떠난 자리에 나 혼자 있습니다
지금부터는
둘이 하던 일을 혼자서 감내해 가야 합니다

수많은 세월을 보내며
많고 많은 일 속에
빠져 사느라 당신을 잊었나 했는데

힘든 날에 생각나게 하고
좋은 날에 그리워하게 되는
당신은 내게서 떠난 것이 아니었습니다

기쁨으로
슬픔으로
내 맘 깊은 곳에 남아 늘 함께 있었습니다

제3부

지독한 짝사랑

왜인지는 몰라도

너의 눈동자 속에는
미움이 들어있다

누가 너를 그리 화나게 하는지
알 수는 없지만

굳어버린
너의 표정이
시간을 두고 봐도
거리를 두어 봐도

보는 이를
자꾸만 아프게 한다

애써 외면하는
너의 눈동자 속에는
미워하는 마음이 들어있다

아무리 숨기려 해도
힘들어하는
너의 마음이 숨어 있다

내려가는 길

산이
좋아 올랐더니
이 허허러움을 어쩌랴

오를 때의 힘듦을
잊게 하는 기분 좋은 바람에도
덮치는 한기를 어쩌지 못한다

세찬 바람이 매섭게 때리는
그곳에는 많은 것이 보여
더 머물라는 유혹에 잠시 머뭇거리게 한다

잠시 흔들린 마음이 방향을 잃고 헤매다
화들짝 정신을 차려보니
지금은 내려가야 할 때라

정신 차려 서둘러 내려오다 보니
오를 때 못 보던 것들이
내려올 때 발목을 잡아채

넘어져 다시 서보니
낮은 곳에도 소소한 아름다움이 있었음을
지금 알게 됨을 다행이라 해야겠네

봄이 되면 몸이 아프다

봄이 되면 몸이 아프다
겨울 견뎌낸 나무
새순 틔워내듯 아프다

봄이 되면 몸이 아프다
갈대 뿌리 사이
바람 든 듯 아프다

봄이 되면 몸이 아프다
녹지 않은
땅속 얼음 찔러대듯 아프다

봄이 되면 몸이 아프다
언 땅 비집고 나오는
새싹처럼 아프다

봄이 되면 몸이 아프다
일 년을 버티려고
메마른 몸에 물길 트느라 아프다

그곳엔

그곳엔
울고 싶어 하는 내가 있습니다

쌓인 슬픔이 목까지 차올라
가슴속에 꾸겨 넣은 울음을
더 이상 참지 못하는 내가 있습니다

그곳엔
웃고 싶어 하는 내가 있습니다

지난 세월 속에 간간이 지난 작은 일들이
바로 행복이었음을
하나하나 꺼내 보니
입가에 맴도는 미소를 멈추지 못하는 내가 있습니다

늙었다는 건

늙었다는 건
모든 것이 예뻐 보일 때
어떤 실수도 이해가 될 때
느린 속도에 익숙해질 때

늙었다는 건
무시를 당해도 기분 나쁘지 않을 때
옆을 볼 수 있는 여유가 생길 때
나보다 주위에 있는 것들이 더 잘 보이는 때

늙었다는 건
작은 것의 소중함을 알게 될 때
자주 멈추게 되는 때
자꾸만 뒤돌아보게 되는 때

늙었다는 건
내게 자꾸만 미안해지는 때
사과할 일들이 많아지는 때
엉킨 것들을 찾아 풀려는 때

늙었다는 건
된장국 하나에도 행복해지는 때
가끔씩 죽음과 만나는 때
자연에 더 가까워지려는 때

꽃길

바람이 실어 올린 꽃잎이
군무를 펼치다 내려앉는다
떨어진 꽃잎을
바람이 다시 치니
솟구친 꽃잎이
길 위에
내려앉아 꽃길을 만든다

내려앉은 꽃잎이 모여
모두가
그리도 걷고 싶어 하는 꽃길을 만든다

시샘하는 바람에 끌려다니다
내려앉은 꽃잎 위로
걷는 발걸음이
새털처럼 가벼운 건

인적이 드문
이른 아침에
홀로
꽃길을 걷는
행복을 누리기 때문이다

노래가 되는 날

솔바람이 노래가 되는 날
연인들의 속닥거림이 노래가 되는 날
산 아래 길게 누운
하얀 길이 배경이 되어준다

솔 사이 바람이 귓불을 때리는 날
코밑 솔향기가 호사스럽게 하는 날
뚫린 듯 시린 듯
숲속 바람이 영혼을 맑게 하는 날

열어둔 법당 안으로 들어온 바람이
과거 속을 내달리는
영혼을 세차게 휘감아 치고 나가
헤매는 마음을 잡아 앉혀 주던 날

솔숲을 양옆에 끼고 달리는 차창 문을 열어 보니
들어오는 솔향기가 코를 간질여
그 바람
안은 나 또한 노래가 되는 날이다

지독한 짝사랑 2

하루를 여는 정성으로
한 계단
한 계단
산을 오른다

오르는 이들의 소망도 가지가지
계단 하나에 숨을 고르고
계단 하나에 마음을 모으며
계단 하나에 염원을 모은다

숨이 목까지 차올라 그곳에 멈춰 서면
1365계단의 끝자락
팔공산 갓바위 부처님이 미소로 반긴다

많은 사람들이 이곳으로 모이는
한 가지 이유는
끊을 수 없는
지독한 짝사랑을 놓지 못함이라
두 손 모아 기도하니
내 마음 네게 닿은 듯
흘린 땀에 평온을 찾는다

큰 바위
— 봉암사에서

덩이 전체가 바위인 산
차갑지만 뜨거운 열정을 품은 큰 바위가
모두의 소원을 들어주려 한다

한발 한발 경건한 마음으로
소원을 가슴에 품고 그곳을 오르는 사람들의 설렘과
내려오는 사람들의 표정이 편안한 건 큰 바위 때문

큰 바위 아래 사람이 모인다
364일 동안 숨겨둔 너를 드러내는 오늘 하루
긴 시간을 기다려야만 겨우 만날 수 있는 너
모두가 초파일에 속 찬 것들을 비워내고 소망을 채워간다

무념 속에 흐르는 땀이 마음을 씻어주니
한발 한발 정성을 다해 찾는 사람 모두는
그곳에다 근심과 희망을 모두 놓아 버린 날이 된다

날씨 좋은 봄날에
― 큰 올케를 보내며

꽃을 닮은 당신은
한 점 바람도 없는
꽃이 만개한 봄날에 갔습니다

하얀 국화꽃 속에서
환히 웃고 있는 당신은
아마도 그때가
가장 행복하던 시절인듯합니다

화려함 뒤에 숨어 있는 아픔을
그 누가 알겠소만
한 줌 가루 되는 날에
날씨까지 좋은 건
평소의
당신의 모습인 듯합니다

혼자 가는
그 길 끝에선 부디
사랑하는 이를
맑은 모습으로 만나세요
따뜻한 봄날처럼
그렇게 만나세요

이승의 아픔일랑
이제 그만 놓으세요
사랑하는 이와 만나거든
행복하십시오
사진 속 당신이 웃고 있는
그때 그 시절처럼 그렇게 행복하세요

당신에게

흘러내린 눈물이 콧등에 내려앉으니
어깨 위로 떨어진 슬픔이 너무 무거워
허공에 멈춘 눈을 그냥 버려둔다

죽고 싶도록 내가 싫어진 날엔
모든 것이 멈춰 버린 듯
희망까지 물고 달아나 모습까지 감춘 날
천근만근 짊어진 어깨의 짐처럼
이 마음
무거운 걸 어찌하면 좋단 말이오

어떤 날엔 상심만 하다가
나도 아이들도 놓쳐 버릴까 두려워
두 눈 부릅떠
놓친 정신줄 잡으려 채찍하던 날을 보내면서도

바람이 귓가에 머문 날은 당신인 양 그리워도 했다가
비가 오면 당신인 듯 슬퍼했던 날이 있었지만
평생 안고 산 이 아픔을
이제는
그만 놓아도 되겠지요

바람 3

큰 나무여도
바람을 다 막을 수는 없어
잎새 사이로 지나는 작은 바람조차
잡질 못한다

오늘도 바람이 분다
어제도 바람이 불었듯이
내일도 바람이 불 것이다

큰 나무가
바람에게 길을 내어 준다
작은 나무도
덩달아 바람에게 길을 내어 준다

내준 길을 따라
바람은 뒤도 보지 않고 가지만
벽에 부딪친 바람이
놀라
뒤돌아 다른 길을 찾는 날이다

미로

털어낸 가벼움보다
공허(空虛)함의 크기가 더 커
오늘도
하루에 매달려 미래를 걱정하며 살아간다

세월 속에 가둬둔 아픔을
찬찬히 꺼내 놓고 보니
그때의 아픔이
되살아난 듯 자꾸만 상처를 비틀어

어디론가
가긴 가야 하는데
한 번은 갔다가
한 번은 왔다가

이 밤 다 새워도
길을 찾지 못하고
밤새도록 미로를 헤매다 보니
긴 한숨만 쌓여 여명에야 그만 잠이 들어 버린다

노목 1

작은 가지의 흔들림에 노목이 아파하는 건
귀 모으지 않아도
비집고 들어앉은 잎새 작은 바람 소리 때문이오

허락도 없이 가슴속으로 들어와 앉는
잎새 작은 바람 소리를 쫓아내지 못하는 건
작은 소리까지 다 주워 모으려는 욕심 때문이오

이 작은
흔들림을 어쩌면 좋단 말이오
시시때때로 들리는 이 소리들을 어쩌면 좋단 말이오

바람에 흔들리는
작은 가지의 아픔이
노목의 평온을 시도 때도 없이 흔들지만

커가는 아픔의 힘겨움을
너무 잘 알기에
잎 사이 작은 바람 소리를 그대로 안는다

노목에 덕지덕지 붙어 있는 껍질처럼
세월에 이야기를 붙이고 떼어내며
작은 가지들도 세월을 보태며 조금씩 노목을 닮아간다

행복해도 될 것이오

계곡물 소리가 노래가 되는 날
숲속 기운이 청량감을 더하는 가을날에는
온산의 단풍을 맘껏 즐겨도 좋을 것이오

지나는 사람 모두 단풍을 닮아 가는 듯
상기된 얼굴로 행복한 웃음을 건네는 가을 산행
길 위에 떨어진 노란 은행잎이 덩달아
발끝 촉감을 기분 좋게 하는 날이다

쏴아 하며 지나는 솔바람이 귀를 간질이다가
떨어지는 낙엽을 휘감아 올렸다
낙엽비를 만드니 모두의 마음을
환희롭게 하는 가을이다

콧등 타고 들어오는 맑은 기운을 폐 속까지 들이키다 보니
오를 때 갖지 못한 여유를 내려올 때 누리는
단풍이 만개한
이 가을날엔 행복해도 될 것이오

놓친 정신줄을 찾게 하네

길을 잃고
우왕좌왕하는 걸
더는 못 보겠는지
신은
발목을 고장 나게 해 옴짝 못하게 앉힌다

걸을 수가 없으니
마음 따라 헤매지 못하니
외로이 앉아 길을 찾다가
흐트러진 정신을 줄 세워 놓고 보니

깜깜하기만 하던
길 저편에
서서히 걷히는 안개 더미 사이로 희미하게 길이 보여
그 길 따라가다 보니
놓친 정신줄을 찾게 되었네

다친 발목이
몸을 가둬
다친 마음을 치유해 주니
이제야 놓친 정신줄을 찾게 하네

노목 2

나무는 자라면서
잦은 소리를 낸다
아직은 잎새 작은 바람을
어떻게 보내야 하는지
익숙하지 않기 때문이다

잠시 머물다 떠날 바람을
다 잡고 아파하며
바람을 품었다 보내면서
언젠가 그 바람
지나가는 것임을
스스로 깨치면서 커간다

이를 보는 노목은
미동도 없다
아무리 세찬 바람이 불어도
흔들리지 않고 꿋꿋이 서 있음은
지난 세월 동안 수천 번도
크고 작은 바람을
맞았다 보냈기 때문이다

노목이
나무를 내려다보고 있다
작은 바람조차 다 잡으려는
나무를 무심히 내려다보고 있다
언제인가
맞서던 그 바람 지나는 것임을 알게 될 즈음엔
나무도 서서히 노목이 되어 갈 것이다

쑥

쑥이
쏙쏙 올라온다
땅속 기운 모은 봄 쑥이
쏙쏙 올라온다

쏙쏙 올라온
쑥이 손을 흔들면
홀린 듯
엄마는 들판으로 나가 쑥을 뜯는다

이른 봄의 쑥은 약쑥이라는데
그 쑥을
자식에게 먹이려고
엄마는 들판에 눌러앉아 쑥을 뜯는다

쑥국을 끓일까
쑥떡을 먹일까
따가운 봄볕에도
엄마는 쑥 뜯기에 바쁘다

자식에게
봄 먹일 생각에
엄마는
이 봄날이 행복하기만 하다

당신이 떠난 순간

당신이 떠난 길에
마음마저 따라가 버린 날
정신줄을 잡으려 안간힘을 쓰며
놓친 시간 되돌리려 통곡하던 날

넓은 천지에 혼자 내 쳐진
무서움을 안고도
눈물이 나지 않는 건
그 순간부터
마음도 눈물도 문을 닫았기 때문이다

슬픔의 크기가 도대체 얼마이기에
마음도 가둬두고 눈물 또한 감춰버렸는지
남몰래 흘리는 눈물의 아픔이 얼마나 큰지는
순간을 돌릴 수 없는
큰 아픔을
혼자 견뎌내야 하기 때문이다

지독한 짝사랑 3

바람이 분다
그동안 살면서 많은 바람 맞아 보았지만
오늘의 바람이 버거워지는 건
피할 방법을 모르기 때문

한고비 넘어서며 한 뿌리 내리며
살아 온건 희망이 있었기 때문
지금 부는 세찬 바람에도 쓰러지진 않겠지만

고목이 껍질 떼어내듯
아린 아픔을 어쩌지 못함은
어떤 것으로도 대신할 수 없기 때문이라

잡은 걸 놓기가 쉬운 듯 어려운 건
네 마음을 잡을 수 없기 때문이라

너는
지금
슬픔을 꽉 잡고 있어
귀에 들어오는 건 아무것도 없어
잠가 버린 그 문을
스스로 열고 나올 그날까지만
이 지독한 짝사랑의 아픔을 참아내며
기다려 주는 수밖에 없는 듯하다

제4부

눈 온 날 아침이다

계속되는 길

지루한 사막을 달릴 때에도
그곳엔
오아시스가 있는 줄 알았습니다

달리고 부딪치며 바람에 맞설 때에도
추위를 견디며 눈비를 맞을 때에도
그곳엔
행복한 봄이 있는 줄 알았습니다

이제야 힘들게 그곳에 닿고 보니
그곳엔
오아시스란 없었습니다
그곳엔
행복한 봄이 아닌 실망이 기다리고 있었습니다

그곳은
끝나는 길이 아닌
계속해서 걸어야 하는 길이었습니다
마지막 그곳까지 계속되는 길이였습니다

석양 1

지금 막
산을 넘으려던 석양이
나뭇가지에 걸렸다
힘이 들었는지
그곳에 앉아 잠시 숨을 고른다

노인도
석양만 같아
그곳에 앉은 듯 멈춰 숨을 고른다
평생이
하루만 같은데
그곳엔 매듭진 흔적들이 가득하다

못다 한 것들이
아직 남은듯한데
건져낼 것이 없으니
할 수 있는 것
또한 없어 아쉽기만 하다

가빠 오는
숨을 고르려는지
떠나기 전

미련으로 잠시 멈춰 선 건지
지금까지도
많은 생각들이 고여 있으니
하나둘 놓아 버리기가 이리 힘든 줄을

하루인 양
짧은 인생인 듯
갈 땐
미련 없이
이렇게
꼴딱 넘어가나 보다

마음 2

이제 놓아줄 만도 한데
잡고 있으니 놓질 못한다

보낸 줄 알았는데
늘 가까이에 있다

하루는 너로 하여 행복했다가
하루는 너로 하여 절망한다

허락하지 않아도 눌러앉았다가
갈 때는 희망마저 안고 가버린다

성내거나
화내거나
소리쳐도
아랑곳하지 않고 비집고 들어앉아

때론 괴롬으로
때론 희망으로
때론 평온함으로
멀리 있다가 가까이에 있다

너무 슬퍼하지 마오

너무 상심하지 마오
세상 다 끝나버린 듯해도
사람들은
누구나 아픔 하나쯤은 끼고 산다오

너무 울지는 마오
울다 보면
더 슬퍼져 또 울게 될지라도
희망이란 끈은 절대 놓치면 아니 되오

슬픈 날을 잡아두지 마오
언젠가는 다 지나갈 터이니
급하다 서둘지 말고 지나가게 그냥 두시오

나 혼자 세상 슬픔 다 진듯해도
사람들은
누구나 슬픔 하나씩은 안고 산다오
그러니 너무 슬퍼하지 마오

모성

슬픈 상실감에
귀를 모두 닫았으니
무슨 소리인들 위로가 되랴
아픔을 나눠 갖지 않으려는
널 보는 모성이 찢어지게 아프다

그 아픔의 크기를
너무 잘 알기에
말없이
보고는 있지만
그 어떤 것으로도
위로가 될 수 없는 이 상황을
거부하고 싶은 현실에
치솟는 너의 분노를 무슨 수로 막으랴

그걸 보는
모성이 잠깐 방향을 잃고 따라 헤매다 보니
문득
내 마음이 이리 아픈데
너의 마음인들 얼마나 더 아플까?
상처가 너무 커
잠시 길을 잃었을 뿐이라고 우겨 보지만

흔들리는
이맘을 따라 어쩌지 못하니
이리저리 헤매다 하루가 저물어
나 또한 길을 잃을까 두려워
모성이 외로이 숨어 울고 있다

세월이 한참이나 흐른 후에야 안다

살아온 세월 속엔
많은 기억들이 들어있다
잘 풀린 일도
매듭진 일도
엉킨 일도
실패한 것도
성취한 것도
좌절하던 일도
차곡차곡 기억 속에 쌓여 있다

그 속엔
역경을 거스르던
무리한 도전의 기억이 있고
실패의 좌절 속에 빠져
후회하던 것들이 지혜 되어 쌓여있다

그땐
경험하지 않아
아무것도 보이지도 들리지도 않아
모든 것이 참견으로만 여겼으니
돌아가는 길을 애써 보지 않으려니
쉽게 갈 길을 힘들게 간다

고집스레 가는 길에
얻은 지혜가 단단할 수 있지만
긴 세월의 희생을 감수해야 하는 걸
알아가며 늙어 간다

그때
고집을 부리지 말았더라면
세상을
다 안 것처럼
행동하던 일들이
한낱 오만과 편견이었음을
세월이 한참이나 흐른 후에야 안다

10월의 마지막 날에

1200도
가마 속으로 네가 들어간 날
뒷산엔 노란 국화가
흐드러지게 피어 있어
국화 속에 머문 눈이
꽃 속에서 길을 잃고 헤맨다

마침 아카시아 잎이
손을 접어 흔들어
너의 마지막 인사인 듯
서럽기만 한데
불가마 속 열기는 어디로 가고
답답함을 품은
10월의 마지막 한낮의
햇볕이 차갑기만 하다

2시간 후면
한 줌 재로 변해 있을 너
잿빛 속에 형체도 감각도 놓았으니
이젠
바람도 햇볕도 놓아버린 곳에서
오면 온 줄 알까

가면 간 줄 알까
어디에 있어도
이제 너인 줄 모를 테니
모두가
추억 속에 남겨진
너로만 기억하게 될 것이다

단풍이 유난히 붉게 물들은
10월의 마지막 날에
보는 슬픔이 더 큼을 어쩌지 못해
보는 아픔이 더 큼을 어쩌지 못해
가슴을 움켜잡고
숨을 참아내며
예전에 그랬던 것처럼
이 슬픔
참고 이겨내야 할 테지요

해법

슬픔을 잊고자
길을 나섰더니
길 위에서 만난 사람들의
즐거움이 모두 소음으로만 들려
웃고 있어도 웃는 것이 아닌
그런 날이 되어버린다

이런 날은
평상심을 놓친 하루인듯하여
행복한 사람 속에든 하루는
나의 슬픔만 보태어
그 속에서 해법을 찾으려던 나를
후회하게 하는 날이 되어 버린다

갇힌 마음을
남들 앞에 선뜻 꺼내놓지 못하고 망설이는 건
꺼내는 것도 털어 내는 것도
다 내가 해야 할 것임을 알게 하니
이런 날은
오히려 슬픔을 확인하는 날이 되어 버린다

내 마음 편치 않으니
눈에 들어오는 건 아무것도 없어
그 어떤 것으로도
위로가 될 수 없음은
아픔을 잡고 놓지 않기 때문이다

괴로움을 벗어보려 나선
이곳에서도
해법을 찾지 못함은
남이 아닌 바로 내게서
그 해법을 찾아야 하기 때문이다

왜인가요

오늘이 슬픈 건 왜인가요
어제도 슬픈 하루였는데
내일도 슬픈 날이 될 건가요

오늘이 기쁜 건 왜인가요
어제도 기쁜 하루였는데
내일도 기쁜 날이 될 건가요

슬픈 날만 있다면
희망을 잃을 테고
기쁜 날만 있다면
자만에 빠질 테니

신은
사람들에게
공평하게 두 가지를 던져
하나만 잡고 있지 않게
슬픔과 기쁨을 고루 배분하였으니

슬픔도 기쁨도
오면 가는 것임을
오늘에야
비로소 알게 됨은 왜인가요

산사

마음이 울적한 날이면 찾던 산사엔
주인이 바뀐 만큼
찾는 사람도 많이 바뀌었다

그간의 세월이 30년이니
그동안 어디서 무얼 하고 있었는지
이곳저곳 헤매다 세월만 가고

찾아온 산사는
주인도 낯설고
찾은 나 또한 낯설기만 하다

어느덧 세월의 뒤쪽으로 밀려선 나이
앞서가는 그 세월을
잡지 못해 가버렸으니

세월을 놓쳐버린
노인 되어
외로이 산사에 홀로 서고 보니

세월 빠름을 어쩌리오
세월 돌리지 못함을 어쩌리오
세월 무상함을 어쩌리오

앞만 보고 걷는다면 좋을 것이오

눈물을 보이지 않는다고 슬프지 않으리오
슬픔의 크기가 눈물의 양이라면
그건
보는 사람의 슬픔의 크기이기 때문

울음을 참느라 가슴이 미어지듯 아픈데
세상은 참 잘만 돌아가고 있어
삼킨 눈물이 목에 걸려 아프게 하는 날에도
자연 또한 그 자리에 움쩍 않고 있다

상실의 아픔을 잎 하나 떨어지듯 보려는
사람들의 시선인 듯 서럽기만 한데
시리듯 추운
이 겨울이 더 매섭기만 하다

부음 소식에 망치로 맞은 듯 멍한 정신에
가슴이 미어지게 아파오는 건
그보다
보는 아픔을 견뎌야 하기 때문이다

혼자 상심에 젖어 길 못 찾고 헤매는데
길 저편엔
제길 가는 사람들의 하루만 바빠 보여
세상 속에 홀로 선 듯하여 더 서럽다

절벽 앞에 홀로 서 있는 듯 끊어진 길을 보자니
문득 안갯속 저 너머로 희미한 길이 보여
화들짝 정신 차려보니 그 길 점점 선명해져
그 길 따라가면 되겠지만
그 길 들어서기까지가 이리 힘듦을
나이 들어도 아픈 날을 보내며 안다

죽을 만큼 아픈 날이 계속된다 해도
그 아픔 언젠가 지나갈 것이니
예전에 그랬던 것처럼
그때까지는 앞만 보고 걷는다면 좋을 것이오

기도를 한다

마음이란 놈 깊이가 도대체 얼마나 되기에
이리 쩔쩔매는지
내 맘도 잡지 못하는데 네 맘인들 잡을 수 있으랴

그 깊이를
알 수 없으니 더 아파오는 걸
표정으로 그 맘 다 읽을 수 없으니 더 아픈 걸

웃고 있는 맘속엔
오만가지 상처가 줄줄이 달려있는 줄
위로의 말이 오히려 상처만 보태는 줄을

그 고통 떼어줄 수 없기에
네 맘 편하라고 기도를 하니
내 맘 또한 평온해진다

사람 사는 것이 다 그런 것
곪았다 터지고 아물며
세월을 쌓아가는 줄을

살 만큼 살았으니 인고(忍苦)의 삶은 끝인 줄 알았는데
죽는 날까지 이어지는 것임을
잊을만하면 때려 깨운다

열매란 튼실한 것도 약한 것도 있음을 잊은 듯
떨어진 열매로 아파하는 널 보며
세월 속 마디마디에 맺혀있는 나의 아픔까지 보태어 더 아프다

그 고통 이겨내라고 그 슬픔 이겨내라고 기도를 한다
네 맘 편하라고 기도를 한다
내 맘 편하라고 기도를 한다

슬픔을 나누고 싶다면

슬픔을 나누고 싶다면
말없이 손을 잡아 주는 것

슬픔을 나누고 싶다면
눈으로 말해 주는 것

슬픔을 나누고 싶다면
알아도 모른 체 해주는 것

슬픔을 나누고 싶다면
혼자만의 시간을 갖게 두는 것

슬픔을 나누고 싶다면
곁에서 조용히 지켜봐 주는 것

인연

형태도 없는 것이 소리도 없는 것이
끈이 되어 사람을 잇는다

순간이 선연으로
순간이 악연으로

멀리 있어도 가까이에 있는 듯
맺힌 끈이 사람들을 끌고 간다

잘 산 거라 생각될 겁니다

잘 살았다 자랑했더니
잘 산 게 아니라 헛산 거였소
힘든 삶 속
작은 가지의 짐 덜어줄까 힘들게 달려온 게
다 내 맘 편하려는 것이었다니

옆길 보지 않고 달려온
인생의 끝자락엔
오아시스란 없었으니
그곳 또한 힘든 여정을
계속해야 하는 길이었습니다

지쳐 닳아버린
몸과 마음을 붙잡고
외로이 서 있으니
왜 자꾸만 서럽기만 한 건지
세월 속엔
좋은 때도 힘든 때도 분명 있었을 터인데

그동안 가지 속 작은 바람 소리가
아픈 소리인 걸
마디마디 맺힌

멍울 터지는 소리인 걸
알려 하지 않았으니
오늘 작은 가지 속바람 소리가
가슴을 때려 아프게 합니다

잦은 작은 소리들은
다 의미 있는 것임을
어찌 그리 몰랐는지
무심히 흘려보낸
세월 속엔
풀지 못한 매듭들만 남아있어
끊어 낼 수 없으니
하나씩 풀어 가다 보면
풀릴 날은 올 것이라

사람 사는 게 다 그런 거라
마음 돌려 잡아 힘든 자리에
행복했던 기억들을 다시 찾아 채워본다면
언젠가는
분명 헛산 것이 아니라
잘 산 거라 생각될 겁니다

부메랑

거부하고 싶은 현실에
치솟는 화를 누르지 못하는 너
풍선처럼 부풀어 오르다
터져 버릴 듯
그걸 보는 어미 마음이 절망이라

떨어지는 말이
가시 되어 박히니
그걸 안으려는
두 팔엔 이미 힘이 부친다

보는 아픔이
겪는 아픔만큼이야 하겠소만
지난 세월 속에 내게 숨어 앉은
진한 아픔을 지금까지도 품고 살기에
조각난
그 기억들을 다시 끌어모으듯
단단히 잡아둔 마음을
마구 흔들어도 어쩌지 못한다

옛날 엄마에게 했던 말이
부메랑 되어 가슴에 와 박힌 것임을
세월 쌓은
지금에야 알게 하니
세월은
그렇게
돌아 돌아서
느리게 다시 찾아오나 보다

마음

네 마음이 내 마음 같다면
너의 마음은 너의 마음일 뿐이다

네 마음을 볼 수 없음도 안타깝지만
내 마음 보여줄 수 없음이 더 답답하다

네 마음 알 수 없으니
내 마음을 들여다보다가
문득
내 마음을 줄 세워 본다

가까운 듯해도
내 마음과 네 마음의 거리는
멀고도 멀어

안듯싶은데
다 안 게 아니라
모르는 듯해도
다 모른 것이 아니어서

몰랐다가 알아가는
알다가도 모르겠는 것이
지금의 너의 맘과 내 맘이라

항상 내 맘속엔 네가 있었으니
너의 맘속에도 늘 내가 있었을 것을

몰라준다고 서러워하지 말고
이해하자 맘 고쳐보니
너의 맘을
이제는 조금은 알 것만 같다

회귀

새털처럼 가벼워진 몸이 멈춰 돌아보니
당당함은 어디 가고
처진 어깨엔 이미 힘이 없다

아이 낳아 키우며
먹이고 씻기고 가르치던 매일의 일들이
찰나에 가버린 듯
많은 것들은 이미 세월 뒤로 숨어 버린 후다

부모의 뜻대로만 따르던 아이들도
생각이 커진 만큼 몸도 세월을 보태며
부모 따라 늙어감을 알지 못한다

목욕탕에서 초노의 딸이 아흔이 된 노모를
탕 속으로 안고 들어와
수중안마 의자에 힘들게 앉히니
비로소 미소를 머금은 노모의 행복한 미소가
보는 이를 흐뭇하게 하지만

딸의 등에 남아있는 부항 뜬 멍든 자국이
찡한 감동을 끌어내니
효심이란 큰 게 아닌 이런 작은 것임을 깨친다

닳아버린 몸을 보수하며 살면서도
세월 멈출 방법이 없으니
한 발짝 옮기기도 어렵게 된 노인의 모습이
걸음마 하던 딱 그 시절의 아이 모습이라

쌓인 세월에 늘어난 골 깊은 주름만큼이나
맘대로 움직일 수 없는 몸이 서글프게 하는 건
나고 병들고 죽는 이치를 그 누구도 거스를 수 없음이라

새어 나오는 한숨 소리만 쌓였다 흩어지니
나이 들어갈수록 점점 아이 되어 가다
어느 날 자연 속으로 회귀하게 되나 보다

마음자리 하나였네

놓으면 즐겁고
잡으면 괴로우니
이건 다 마음자리 하기 나름

모양도 없는 것이
소리도 없는 것이
변덕은 또 얼마나 많은지

마음을 놓친 날은
이리저리 제멋대로 옮겨 다녀
그려지는 그림도 각양각색이라

하루는
욕심을 키웠다가
또 하루는 욕심을 줄였다가

하루는 기쁘게도
하루는 슬프게도 하는 건
바로 마음자리 하나였네

그대

사랑이란 걸
그대 보내고 알았습니다

미움만 쌓느라
그것이 사랑인 줄도 몰랐습니다

한밤 밝히며
벽을 보고 독백을 하니

추억 밭 끝에 돌아앉아
그대 들어주지 않아

하얀 밤을
꿈속인 듯 헤매다 보니

지난 것들 하나하나가
사랑이었음을 이제야 알 것 같습니다

눈 온 날 아침이다

눈이 내린다
순간에 그려내는 산수화인 듯
조용히 내려앉은 단아함에
모두의 발길을 멈추게 한다

향기가 없는 꽃들이 만들어낸
절제된
순백의 단순함이
화려하지 않기에
더 아름다운 아침이다.

하얀 눈을 인
작은 산들이 시간을 잡아 놓은 듯
세상의 모든 소리를 물고 있는
그 속에는
이미 봄을 숨기고 있다

하얀 눈이
은밀한 곳까지
드러내게 되는 진솔함에
향기가 없어도
충분히 아름답다

먼 산의 형체가
가장 선명하게 드러나는 눈 덮인 산을 보니
찬 공기가
코끝을 시리도록
상쾌하게 하는 눈 온 날 아침이다

깊은 밤

차가운 달빛이
시퍼렇게
그림자를 드리우는 밤

모양도 소리도
먹어버린 깊은 밤에
혼자 깨어 별과 눈을 맞추니

샘이 난 달님이 슬며시 다가와
조는 가로등을 깨워
어둠 속에 숨어있는 길을 찾는다.

별과 달이 곁에 있어 심심하지 않고
깨어난 가로등 밑으로
숨은 길이 보이니 이 밤이 외롭지 않다

제5부

바람이 분다

바람이 분다 1

내게 부는 바람이 버거운데
세상 사람들은 지나는 흔한 바람으로만 알아
아무도 몰라주는 허허로움에 하루가 슬프다

내 맘 아픈 건 내가 잘 아는 것을
내 맘 달래주는 이 나밖에 없음도 잠시 잊은 듯
남에게 기대 보려던 나약한 내가 보인다

흔들리는 맘을 애써 끌고 와 곁에 두고 보니
그 바람 안는 것도 보내는 것도
다 내가 하는 것임을 잠시 잊고 헤매던 내가 보인다

남다르다 여긴 마음에 위로를 받겠다고 한 속 턴 말이
어느 날 오히려 상처 되어 돌아와 꽂힐 줄이야
잊으려던 아픈 기억을 꺼내게 할 줄이야

그 어떤 것도 계속되는 건 없듯이
계속 부는 바람 또한 없을 터이니
오면 가는 쉬운 이치를 잠시 잊고
헛한 데서 길을 찾겠다고 헤매었으니

남에게 기댈 생각 말고
아무리 세찬 바람이어도 머물 만큼 머물다 갈 터이니
그때까지만 기다리는 수밖에는 없는 듯하다

당신 2

오늘도
당신의 이름을 들었습니다
그곳에는 당신을 그리워하는 사람들이 있었습니다
지금까지도 당신은 사람들의 기억 속에 남아 있었습니다

옛날을 꺼내려는 아쉬움에도
아픈 추억이 멈춘 채 남아있기에
당신의 이름을 듣는 순간은
그때의 아픔을 꺼내는 날이 됩니다

선한 추억으로 남기고 떠난 당신을
오늘도 다른 사람의 기억 속에 있는 당신과 만납니다
잊을 만하면 생각나게 해주는
사람들이 있어 참 다행이라 여기렵니다

지금까지도
사람들의 기억 속에
당신이 생생하게 남아 있으니
나를 만나면 당신을 본 듯 생각나게 하나 봅니다

사람들 속에서
흐려진 추억을 주워 닦아보니
그곳엔
환히 웃는 당신이 보였습니다

산소에서
— 2002년 어느 날

솔바람이 휑하니 휘돌아 치던 날에
가슴을 뚫고 지나는 바람이
바로 당신인 듯하오

하늘도 나무도
다 그 자리 그대로인데
바람은 예전의 바람이 아닌 듯하오

귓불의 솜털을 간질이며 지나는 바람이
다정한 당신의 손길인 듯한데
옷깃을 헤집고 들어앉은 바람은
당신의 체온인 듯하오

어깨를 치는 햇볕 품은 솔바람이
당신인 듯 포근하지만
이렇게 당신 가까이 서고 보니
오늘은 하나도 외롭지 않은 듯하오

바람이 분다 2

바람이 분다
언제나 불던 바람인데
오늘은 더 세찬 바람이 분다

이 바람만큼은
내게 머물지 않기를 바라지만
그 속에 갇혀
흔들리는 이 마음을 어쩌지 못한다

바람이란
예고 없이 찾아오는 줄은
진즉에 알고는 있었지만
오늘
이 바람이 버거워지는 건
내 속에
숨겨진 자만심의 크기 때문이다

회오리 따라
올랐다 내렸다
가지 하나 마디 하나에
쏙쏙 들어와 박힌 바람이
마음을 시리게 하지만

세상 속엔
나이 먹어도 안 되는 것이 있음을 다시 깨친다

기도하려 두 손을 맞대어 보니
저편에 보이지 않던 작은 것들이 보여
과거와 현재를 오가던 마음이 평온을 찾아가는 듯
홀로 앉은 길 잃은 영혼을
화들짝 깨워내는 날이다

독백

서럽다 서러워
스며들지 못한 체
튕겨지니 아프다

갇힌 마음에
목에 걸린 말처럼
천근만근 무거운데

마음속에 자라는
이 잡초들은
또 누가 뽑아 주려나

긴 밤을 새웠더니
그 잡초는
바로 내가 뽑아야 할 것이었네

몸만 더 아프다

몸이 아프니 마음이 슬프다
마음이 슬프니 몸이 아프다

고장 난 몸이 누워 천장을 헤매다 보니
시선이 멈춘 곳에 오만가지 생각들이 얽혀있어

많은 일을 다 잡아 두고 그걸 풀어내려니
옴짝 않는 몸이 더 무겁기만 하다

걱정만 하다 보니
할 일을 천장에서 시작하고
할 일을 천장에서 끝내버리니

의무감에
이룬 건 하나 없고
천근만근 몸만 더 아프다

저승길

그곳이 얼마나 좋은지
가면 소식이 없다

사랑하는 사람들이 하나둘
그곳으로 가버리니

남은 사람 서러워
그곳을 보고 또 본다

한번 떠나면
다시는 올 수 없는 곳

뒤도 돌아보지 않고 가 버리는
그곳이 얼마나 좋은지 궁금하고 궁금하다

방황

어둠 속에 떨어져
홀로 앉아 있으니
보이는 건
아무것도 없어

이리 갈까 저리 갈까
긴 밤을 헤매이다 보니
문득
한 줄기 빛이 보인 듯도 한데

그걸 보고도
한 발짝도 내딛지 못함은
뿌연 안개가 자꾸만
앞을 막기 때문이라

떠나보낸 아픈 기억이
가슴속 깊이 눌러앉았으니
아직까지도
그날의 슬픈 기억을 놓지 못한 듯
잠시
길을 잃어 방황하고 있다

5월의 논둑

맨살 드러낸 5월의 논둑이
쟁기질 끝난 논을 끼고돌아
그 안에 물을 가두면
작은 구름이 하늘 따라 들어온다

물속에 든 구름이 한가한데
쉬던 새 한 마리 문득 날아오르니
봄을 깨워내듯 파문이 인다

놀란 개구리 덩달아 뛰어올라
품은 산을 마저 놓쳐버려도
맨살 드러낸 논둑은
못본체 옴짝 않고 있다

5월의 논둑은
숨김없이 드러낸
엄마의 가슴인 듯
포근하기만 하다

충분히 물을 먹은 논에 모가 심기면
하늘 따라 든 구름이 살짝 비켜서면
5월의 논둑은
알게 모르게 슬며시 숨어 앉는다

바람이 분다 3

바람이 가지 속에 걸렸으니
마음도 몸도 그곳에 멈췄다
눈도 귀도 따라 닫아버렸으니
보이는 건 절망뿐이라

바람을 꽉 잡아 보내지 못하니
고뇌하고 고뇌하다 깊어진 외로움에
떨어져 나간 잎에 새순 틔우는 아픔처럼
딱 한 마디만큼만 깨쳐 성장하려 한다

허락받지 않고 왔기에 보내기는 더욱 쉽지 않아
머물 만큼 머물러야 떠날 것임을
알게 될 쯤 이면
손수 길을 터 바람을 보내줄 것이다

인생

세월 가는 줄을 잊고 살았더니
하루가 쌓여 어느덧 세월의 끝자락
허락하지 않아도 새날은 오고 가는 것임에
또 한 해를 보내고 새해를 맞는다

수십 년씩 반복되는 이 일도 잊고 살았지만
보낸 세월 속엔
성취한 것도 있고 놓친 것도 많다

그 속엔 노력하지 않아도 기억 속에 생생하니
새삼 그 기억 꺼내려 하니
그 속엔 모진 세월 힘들게 버티던 내가 보인다

지금까지도 놓을 것을 놓지 못한 건
오직 자식 사랑 때문이라 여겼건만
그것 또한 욕심이었음을 이 나이에 안다

삶 속에서 놓쳤던 작은 일들이
수십 년이나 지난 지금 이리 가슴을 아프게 할 줄이야
그러나
지난 세월을 되돌려 산대도
그리 살 수밖에 없었을 것임을 또한 안다

살아보지 않은
겪어보지 않은 세월 속 힘든 일들을
말하지 않았으니 어찌 다 알아주길 바라리오

다 큰 아이의 철없는 투정에
잊으려던 잊고 싶어 숨기고 살았던 아픈 과거를
다시 꺼내게 하니
자꾸만 가슴이 저려 오는 걸 어쩌지 못한다

남은 그 세월이 얼마인진 몰라도
늘 그리 살아왔듯이
참고 견디며 또 그렇게 살아가야 하나보다

알밤

가시 방에 숨어 앉은 밤톨 한 알
익을 대로 익어
밤송이 떨어지는 소리 톡! 톡!
알밤 터지는 소리 틱! 톡!

놀라 돌아보니
입 벌린 밤송이 속에 반질반질 밤톨 한 알
계절 품은 밤알이 쏘옥 얼굴을 내밀어 반긴다

그 밤 주워 삶아 까면
노란 속살만큼이나
달콤한 가을 밤 맛이 입안 가득 퍼진다

옛날엔 밤 맛보기는 가을 한 철뿐이 이었는데
지금은 좋은 세월 만나 시도 때도 없이 밤 맛을 즐길 수 있지만
저장된 밤 맛이 어디 햇밤 맛만큼이나 하리오
가을에 수확한 햇밤 속살 만큼이야 하리오

석양 2

서쪽 하늘 전체가 붉게 물든 날
타오르는 석양 뒤에 숨은 또 하나의 세상
이상향인 듯 평온한 그곳엔
붉게 물든 구름이 만들어낸 또 다른 세상이 있다

그곳엔 노랗게 펼쳐진 황금 들판의 풍요가 있고
붉게 타오르는 바다가 있어
나 지금
홀로 멈춰
배를 탄 듯 노을 속으로 빨려 들어가고 있다

이 나이 먹도록 궁금증을 못 버린 듯
석양 따라가는 시선을 잡지 못한다

석양이 붉게 물든 그곳이 자꾸만 궁금해지는 건
지금까지도 세월 속에 남긴 아쉬움을 못 버린듯하고
세월 잡은 아이 맘을 놓지 못한 탓인 듯하다

사노라면

사노라면 세찬 바람이 부는 날이 있다
가슴에 구멍이라도 뚫린 듯 시린 그런 날이 있다

사노라면 안개 낀 날이 있다
가도 가도 길이 보이지 않아
저승인 듯 이승인 듯 갈피 못 잡는 그런 날이 있다

사노라면 봄날 같은 날이 있다
넘친 자만심에
욕심을 부리다 넘어져 버린 그런 날이 있다

지난 세월 속엔 이런저런 날들이 이어져 있으니
산다는 건 때론 행복이었음을 때론 성장하는 보람이었음을
황혼의 문턱에 서고 보니 알 듯하다

돌아보니 쉬어야 할 때는 분명 있었을 터인데 그걸 놓치고
과거에 머물다 미래로 해달리며 바쁘게 살았을 뿐
막상 중요한 오늘을 놓쳤음을 지금에야 안다

이제야 세월 속에 쌓인 나의 곳간을 가만히 들여다보니
그곳엔
세월이 정리해둔
많은 것들이 가지런히 놓여 있음에 놀란다

고갯길

나이 먹는다고
고갯길이 멈추진 않아
딱 죽는 날까지만
올랐다 내렸다 이어지는 길

그동안 살면서
많고 많은 고갯길을 넘어보았기에
두려움 따윈 사라진 줄 알았는데

새 고개 만나면
다시 멈추게 되는
어쩔 수 없는 이 마음이여

지금까지도
오는 고개 맞이하기가
쉬운 듯 어려우니
나이 먹어도
새 고갯길 트기는
어렵고 어려운 듯하다

청정심

깨끗한 마음 갖기는 쉬운 듯 어려워
보이는 것으로
들리는 것으로
쉽게 오해하고
판단해 버리는
우둔한 마음이지 말기를 늘 기도한다

한 번이 아니면
두 번도, 세 번도 아닌 것을 깨치면서도
혹시나 하는 어리석은 마음이
쌓이지 않게 지우며 살아간다

둥지 지키려 길 찾던
먼 길에서 만난 수많은 서러움은
한생을 이어가는
순리라 여기고
삭이며 살아간다 해도
보이는 대로 보지 않기가
들리는 대로 듣지 않기가 참 어렵고도 어렵다

보이는 대로
요동치지 않기는
들리는 대로
요동치지 않기는
더더욱 어려우니
주먹만 한 마음 하나 바꾸기는 세상 참 어렵다

이제야
버리고 집착하지 않으려니
마음 또한 깨끗해진 듯한데
아직까지도
잡히지 않는 마음
다독여 달래기는 쉬운 듯 어려우니
깨끗한 맘 하나 갖기가
세상 참 어려운 듯하다

그 세월 속에는

바쁜 날에는
볼 수 있는 것이 적었음을
앞만 보던 그 길에선
한곳만 보였음을

어느 날
멈춰 돌아보니
걸어온 발자취가
흔적 되어 남아 있어

그 속엔
숨 가쁘게 달리던
순간들이 있고
소중한 걸
놓친 내가 있다

굽이굽이
넘던 고난의 길을 보고 또 보니
그 속에 숨은
흔적들은 부끄럽기도 대견하기도 해

세월의
끝자락에 가까이 서고 보니
걸은 길이
모두 순간에 멀어진 듯하다

인생길

산을 오른다
올랐다
내렸다

인생길도 산길만 같아
한 고개 넘어서면
또 한 고개가 기다려
오르며 내리며 늙어간다

산과 산 사이의 거리는
어림잡아 10년
주기마다 찾아오는
큰 오르막과 내리막
10년이면
강산이 변한다는 말 깨치며 살아간다

멈춰 돌아보니
내길 따라오는 사람들이 있어
그 속엔
산을 닮으려는 사람과
산을 거스르려는 사람들이 보인다

그들도
산을
오르고 내리면서
후회하고 깨치고 지혜를 쌓아가며
그렇게
늙어 가나 보다

산수유

꽃방 속에 숨어 앉은 산수유가
찾아온 꽃샘추위에 꽃 문을 닫았다
귀를 열어
지나는 사람들 발걸음 하나 놓치지 않고 세고 있다가
지나는 바람 소리에 놀라 봄이 왔나 빼꼼빼꼼 한다

노란 이불을 덮어쓴 산수유가
너 먼저 나가라 내 먼저 나갈까
서로 등을 떠밀며 멈칫대다가
꽃망울 간질이는 바람에
봄이 왔나 빼꼼빼꼼 한다

산책길에 줄 서 있는 산수유가
선뜻 꽃 문을 열지 못한 체
꽃방 문 사이로 서로 눈치만 보다가
옆집 홍매화의 만개 소식에
서둘러 꽃을 피우려는지 빼꼼빼꼼 한다

바람이 분다 4

날씨도 좋은데
바람이 분다

날려버릴 듯 삼켜 버릴 듯
성난 바람이 분다

그 바람 피할 방법이 없어 그 속에 들었으니
보이는 건 오직
나 하나뿐

가슴 사이사이 밀고 들어앉은 바람 때문에
아무것도 할 수가 없는 하루여서 슬프고

종일 갇혀 나만 바라보자니
다른 건 아무것도 보이지 않아

오늘처럼 날씨 좋은 날이면
다 놓아 버리고
작정하고
정신 차려 밖으로 나와 걸어보면 어떠시오

다 괜찮아질 겁니다

길 잃은 영혼이
방향을 잃어 헤매이다
회오리 속에 들었으니
두 눈 딱 감고
입술 꽉 깨물어
양발에 힘 꽉 주어 버텨 낸다면
아무리 세찬 바람인들
세월 속에 다 녹아들지 않겠소?
그날이 언제이던 참고 견뎌낸다면
다 괜찮아질 겁니다

죽을 만큼 힘든 일이어도
지루하기만 한 긴 시간이어도
흐르는 눈물로는 다 막을 수 없으니
지금은 그냥 두어 두세요

망설이고 멈추다 그 아픔 오래도록 품게 되어도
잊혀 지지 않는 기억으로 오랫동안 곁에 머물게 되어도
아린 상처 되어 시도 때도 없이 괴롭히게 될지라도
조급한 마음에 그 아픔을 너무 꽉 잡아 두진 마세요
바람에 잎 날리듯 흔들리되 쓰러지진 말아야 하지 않겠어요

지금은 그 아픔 보내기 어렵고 힘이 들어 쓰러질 지경이라도
그때가 언제이든 그것 모두 세월이 데려가 줄 터이니
그때까지만 꾹 참고 견뎌낸다면
다 괜찮아질 겁니다

지금은 비록 길이 보이지 않아 두렵고 무섭고 힘이 들지라도
계속 머물지 않을 것임은 분명하니
내 마음이 네 마음이 되는 날까지만 참고 인내한다면
다 괜찮아질 겁니다

지나간 봄

봄이 되면
어김없이 그리 알려 주었건만
그걸 모르고 잡는 것에만 익숙해
세월이 가는 줄을 잊고 살더라

수십 번의 새로운 봄을
맞으며 보내면서도
허허로운 빈자리가 늘 곁에 따라붙은 듯
차갑기만 한 걸 어쩌랴

지난 삶 속을 세세히 들여다보니
변한 건 아무것도 없는 듯한데
단지 1년을 보내고 10년을 보태며
가르치려는 순리였음이 이제야 보인듯하다

오늘 문득
지나간 봄들을 꺼내어 줄 세워 놓고 보니
보이는 건 아무것도 없어
남은 것 또한 없는 듯하다
혼자 앉아 들여다보고 또 들여다보니
내가 설자리 또한 이미 세월 따라가 버린 후다

멈춰 보려 해도
가버린 봄은 돌릴 수 없으니
그 봄에 머물 수도 돌아갈 수도 없어
슬픈 마음에 떨어지지 않는 발길을 재촉해 보나
홀로 서럽기만 하다

● 해설

작품의 순수성(純粹性)과
일상적인 시어(詩語)들

박영교(시인 · 평론가)

　박용자 시인의 시집 원고를 받고 전 작품을 읽어보았다.
　박용자 시인은 상주의 시인으로서 상주에서 봉사활동을 많이 하고 있는 시인으로 알려져 있다. 박 시인은 서울에서 대학과 대학원의 학업을 마쳤다. 결혼 후에는 상주에서 봉사활동 및 문화사업, 학교 학생들의 장학회와 국제라이온스 경북총재까지 여러 분야에서 지역사회발전에 일익을 담당하고 있는 훌륭한 인격자이기도 하다.
　박용자 시인은 2002년 문단에 등단한 이후로 꾸준히 작품을 써 왔으며, 주로 삶에 대한 언어로 시적 감성을 풍부히 살려내는 시인이다. 박 시인은 아름다운 일이나 슬픈 일, 기쁜 일을 혼자 삭히면서 살아온 흔적을 감동적인 시상으로 엮어낸 작품들이다.
　박용자 시인의 시집 『바람이 분다』는 전 5부로 나누고 있다. 제1부 그리운 사람 21편, 제2부 그 사람 생각이 난다 21편, 제3부 지독한 짝사랑 20편, 제4부 눈 온 날 아침이다 22편, 제5부 바람이 분다 22편 등 총 106편의 작품을 싣고 있다.

박용자 시인의 시집 작품을 읽어보면 억지로 꿰맨 자국이 없으며, 시적 용어도 찾아 쓴 작품이 아니라 누에고치에서 실을 뽑아내듯이 자연스럽게 술술 나온 시어로서 어느 누가 읽어도 이해할 수 있고, 공감할 수 있는 그런 작품들이다. 시인 중에는 시라고 하면 아주 독자적(獨自的)인 언어로 어렵게 써서 독자들이 잘 터득할 수 없는 시어로 구성돼야 한다는 것을 주장하는 이도 있다. 그러나 나이가 들고 삶의 지혜가 쌓일수록 자연스럽게 표출된 시어가 더 공감할 수 있음을 알게 될 것이다.

미움받는 건
미워하는 마음을 주었기 때문

사랑받는 건
사랑하는 마음을 주었기 때문

사랑이 채워질 곳간 안에다
미움으로만 채우고 살다가

조각난 세월을 주워서 다시 보니
사랑도 미움도 다 떨어져 있어

사랑만 남겨두고
미움은 주워 저 멀리 던져 버린다

―「사랑과 미움」 전문

우리가 일상생활 가운데 미움과 사랑이 언제나 함께 살아가는 것을 알게 된다. 좋은 사람이라고 항상 사랑만 가지고 있어서 미움은 볼 수 없고, 나쁜 사람이라고 늘 미움을 안고 살아가는 것은 아니다.

박용자 시인은 이 세상을 살아가면서 사랑하는 마음을 갖고 살아가야 하지만, 그 사랑을 가득 채울 곳간에 미움을 가득하게 채워서 살다가 이제 세월의 끝자락에 이르면 부질없음을 알고, 이런저런 미움 다 버리고 사랑하는 것만 남기겠다는 그 마음 그 다짐을 작품화하고 있다. 누구나 나이 들어 한 번쯤 삶을 뒤돌아보고 마음을 정리해야 할 일이다.

인생길에서 두 길을 만나
한 길이 좋아 보여 그 길로 들고 보니
그곳은
미움과 원망이 숨어 있는 갈등의 길이었어요

인생길에서 두 길을 만나
한 길이 좋아 보여 그 길을 들고 보니
그곳이
바로 욕심을 버린 해탈의 길이었어요

갈등의 길인지 해탈의 길인지 가고 나서야 알았으니
가보지 않고는
쉽다 힘들다 하지는 말아야겠지요

이제는
두 길 다 가 보았으니

갈등하지 않을 줄 알았는데 아직도 망설여지는 건
잡고 있는 그 욕심 놓지 않은 때문이라오

—「두 길 1」 전문

박용자 시인은 많은 시련을 겪어본 시인이다. 작품 「두 길 1」은 시인이 살아오면서 여러 가지 살아온 경우의 경험을 두 길로 작품화한 것이다.

한 길은 '미움과 원망이 숨어 있는 갈등의 길'이요. 다른 한 길은 '욕심을 버린 해탈의 길'이 바로 그것인데 시인은 '갈등의 길인지 해탈의 길인지 가고 나서야 알았으니' 경험해 보지 않고는 어렵다 힘들다고 말할 수 없다는 것이다.

이 두 길을 다 가 보았으니 갈등하거나 망설이지 않을 것인데, 또 새로운 길이 생기는 것이 바로 욕심이라는 길이 놓아주질 않기 때문이라고 박용자 시인은 작품 속에서 언급하고 있다.

오르기만 하던 삶이 바닥에 닿았다
더 이상 내려갈 수도 없는 곳

… 중 략 …

실낱같은 희망도 잡을 수 없는 어두운 곳
모두가 외면하는 곳에 외로움을 삼키며
죽을힘을 다해 다시 올라가야 한다

슬픔은 뒤로 밀쳐놓고

떨어져 버린 이 바닥에서 올라가야 한다
이제는 둘이 아닌 혼자 힘으로 일어서야 한다

—「바닥」일부

  우리가 몸이 건강할 때 건강을 지키라고 부탁하는 사람이 많다. 사람들이 잘나갈 때 그 위치를 잘 지켜나가야 한다.
  박용자 시인은 작품 「바닥」을 통하여 자신의 일상생활 속에서 어렵고 어려운 일을 당하면서 일어난 일을 작품화시킨 것이다. 언제나 잘 살 수 있다면 그것이 행복이고 그것이 소중한 일이 아니겠는가? 그러나 모든 일이 호사다마(好事多魔)로 갑작스럽게 찾아오는 어려움이 자신을 바닥으로 내려놓은 때가 있다. 옛말에 '삼 대 부자가 없고 삼 대 거지가 없다.'는 말은 항상 잘살 수가 없고 항상 못 살아갈 수도 없다는 말이다.
  바닥까지 내려온 박 시인은 부군이 돌아가시고 난 뒤, 모든 일들이 혼자서 일으켜 나아가야 하고, 혼자서 바닥에서 일어나서 걸어 올라가야 한다는 그 어려움을 알고 있는 것이다. 여자의 몸으로 모든 것을 바닥에서 올라가는 일을 혼자서 해야 한다는 것이 얼마나 어렵고 두려운 것인지를 경험하였던 것이다.

어떤 날 당신을 만났습니다
아직도 당신은 내 마음속에
자리 잡고 있었습니다

그동안 시간이 많이도 흘렀는데

시공을 초월한 거리에 있다 보니
한마디의 말도 건넬 수 없음이 아쉽습니다

지금 당신이
어디에 있건
그건 내겐 아무 상관이 없습니다

마음속에 들어와 앉은 당신을
보내지 않으려는 굳은 마음이기에
앞으로 더 많은 그리움을 안아야 할 것입니다

―「어떤 날 2」 전문

박용자 시인은 살아서 처음 만나 사랑을 하고, 또 결혼을 하고, 항상 당신이 마음 가운데 살아있었고, 시간과 공간이 많이 변했지만, 지금도 내 마음 가운데 살아있는 당신의 그림자, 시공을 초월한 거리에 있어도 그건 나에게 아무런 상관이 없는 일이라고 한다.

내 마음속에 굳게 들어와 앉아있는 당신을 보내지 않으려고 하기 때문에 앞으로는 더욱 많은 그리움을 안고 살아가야 한다는 당신에 대한 사랑 고백이다.

속 탄 마음에 모여 앉아
한낮 바람에도
찾아온 파도에도
노래를 한다

외로움의 소리인지
속 아픈 소리인지

때리는 파도 소리가 너 있음을 알게 하지만
사이사이 끼고 드는 물바람에 시리듯 아프다

갈 수 없는 아쉬움에 모여 앉아
바람 타고 온 이야기에 밤새 귀를 모으다
여명에야 놀라 깨어나
찾아온 파도에게 못다 한 이야기를 실어 보낸다

—「몽돌」 전문

  시인은 몽돌해수욕장에서 몽돌에 대한 이야기를 하고 있다. 몽돌은 검은 속마음을 조그마한 바람, 조그마한 파도에도 그들은 노래를 한다고 했다.
  그들은 또한 마음속 외로움을 달래는 소리로도 들리고 서로 부딪치는 아픈 마음을 달래는 것이기도 하며 나 자신이 여기 있음을 알리는 것이기도 하다. 떠내려 온 이방인으로 고향을 그리는 아쉬움에 모여 앉아 지금까지 여기에 도착할 때까지 자신들의 귀를 세워 서로서로 바람 타고 온 이야기를 나누고 밀려온 파도 소리에 못다 한 이야기를 실어 보내곤 한다. 몽돌을 사람의 경우로 의인화하여 인생살이로 풀어놓은 작품이다.

울고 싶을 때 생각나는 사람
힘들 때에 생각나는 사람
한가한 날이면 더욱 생각나는 사람

계절의 변화를 잊고 살았듯
나의 변함도 놓치고 살면서
당신이 가버린 것도 잊고 삽니다

애당초 그리움 따윈 사치라 여기며
떼어 놓고 보낸 시간들이 참 많이도 흘렀는데
그동안 혼자가 아닌 듯 행복했던 이유는

쓰잘대기없는 곳에 기웃거릴 때에도
잊은 줄 알았던
당신이 늘 나와 함께여서입니다

생각나면 만날 수 있는 당신을
추억 속의 그리움이라 여기며 살아야겠지요
가버린 사랑이지만

—「가버린 사랑」 전문

  우리가 살아가면서 가장 힘들 때 생각나는 사람? 아니면 가장 슬플 때 함께 울어줄 사람? 또는 가장 기쁠 때 같이 기뻐해 줄 사람은 바로 곁에 있는 부부간이다. 그런 사람이 함께 있지 아니하고 유명을 달리한 사람이라면 얼마나 그립겠는가?
  '계절의 변화를 잊고 살았듯/ 나의 변함도 놓치고 살면서/ 당신이 가버린 것도 잊고 삽니다.'
  이 얼마나 가슴 아픈 일인가? 그러나 박용자 시인의 마음속에는 늘 함께 당신이 있었기 때문이라는 것을 스스로 잘 알고 있다.

작은 개울 속엔
하나의 하늘과
하나의 구름이 들어 있다

작은 산과 작은 들판을 지나는
나와 자전거도
작은 개울 속에 모두 들어가 있어

갈대밭 실바람 속 작은 소리까지 잡아둔
작은 개울 속엔
작은 우주가 들어있다

　　　　　　　—「작은 우주」전문

 우리는 어쩌다 강물 또는 개울물을 들여다보거나, 우물가에 가서 우물물을 들여다보면 거기엔 푸른 하늘과 하늘 속에 담겨있는 모든 것들이 다 들어있게 된다.
 주위의 작은 산, 들판 내가 가지고 있는 모든 것들이 함께 들어있게 된다. 그 모든 것들이 들어있는 것을 시인은 하나의 소우주로 보고 있다. 마치 윤동주 시인의 '자화상'을 보는 듯하다.

먹향에 취해 급하게 먹을 갈면
먹은 갈리지 않아
써 내려가는 붓끝에서도 힘이 빠진다

원을 그리듯 천천히
먹향이 코끝에 닿을 때까지만
무심히 갈다 보면
어느새 짙게 변해
써 내려가는 붓끝에도 힘이 들어간다

검은색 하나로도
기도하게 하는
검은색 하나로도
마음을 모을 수 있는
흑백의 아름다움에 젖다 보니
시간과 나도 잊어버린 밤이다

―「먹향」 전문

　작품 「먹향」은 박용자 시인이 붓글씨를 쓰기 위하여 먹을 갈 때의 이야기이며 붓으로 글씨를 쓸 때의 일이다.
　먹을 갈 때 급하게 먹을 갈면 마음만 급해지는 것이지 정작 먹은 곱게 갈리지 않는다는 것이다. 따라서 붓으로 글씨나 그림을 그릴 때에도 붓끝에서도 힘이 빠진다고 한다.
　요즘은 먹물이 있어서 물을 조금 놓고 서서히 갈면 짙게 갈려지고 붓의 힘도 살아나게 되는 것이다. 먹을 잘 갈아서 흰 종이 위에 마음을 모아 글씨를 쓰게 되면 마음과 정신이 함께 모아져서 새로운 하나의 창조물이 탄생하게 된다. 그 창조되는 화선지 속의 향이 마음을 새롭게 만드는 것으로 물아일체(物我一體)가 되어 시간과 정신의 맑음이 함께 합일(合一)되는 것이다.

너와 나의 사랑은
점점이 짙어지는 먹향 닮은 사랑이었으면 좋겠소
서두르지 않아도

바라만 보아도 좋은
그런 사랑이었으면 좋겠소

너와 나의 사랑은
서서히 젖어 드는 먹향 닮은 사랑이었으면 좋겠소
없는 듯 함께인 듯
가슴속 깊은 곳까지 닿을 수 있는
그런 사랑이었으면 좋겠소

너와 나의 사랑은
흑백 같은 사랑이었으면 좋겠소
볼수록 지루하지 않아 좋은
화려하지 않기에 더 좋은
그런 사랑이었으면 좋겠소

―「너와 나의 사랑은」 전문

  작품 「너와 나의 사랑은」 서로 간 사랑하는 이치를 작품화하고 있다.
  너와 나의 사랑법은 점점이 짙게 갈리는 먹향과 같은 사랑이었으면 좋겠다. 급하지 않고 서두르지 않고 바라만 보아도 좋은 그런 사랑이면 좋겠다고 고백한 작품이다.
  둘째 연에서는 너와의 사랑은 젖어 드는 먹향 닮은 사랑으로 없는 듯 함께인 듯 가슴속 깊은 곳까지 먹향이 퍼져 들어가듯 그런 사랑이었으면 좋겠다.
  셋째 연에서는 흑백 같은 오래 두고 볼수록 지루하지 않는 사랑, 화려하지 않는 사랑이었으면 좋겠다는 박 시인의 사랑법을 묘사한 작품이다.

한 점 아픔까지
다 묻은 줄 알았는데

보낸 세월 속에는
걸러낸 기억들이 조각되어 남은 줄이야

아픔도 미움도 밀쳐버린 그 자리에 박혀
아름다운 추억되어 남은 줄이야

잊은 줄 알았더니
기억 저 밑에 숨죽이고 있은 줄이야

모락모락 피어나는
그리움 되어 내 안에 숨어 있은 줄이야

―「그리움」전문

  박용자 시인의 작품 「그리움」은 마음속에 아픔이 나중에는 그리움으로 살아나는 삶의 모티프가 되어 모락모락 피어오르는 그리움이 된다는 것이다.
  시인의 마음속에는 큰 바다가 펼쳐져 있어야 하고, 때로는 높은 산도 우뚝 솟아 있어야 하고, 드넓은 푸른 평원과 골짜기, 모래바람이 몰아치는 사막도 깔고 앉아 있어야 한다. 그 사막에서 부는 모래바람을 맞으면서 인생을 생각하는 깊은 마음이 일고, 그 깊은 골짜기를 빠져나오면서 얻어지는 삶의 진실을 이야기하며, 푸른 평원에 서서 하늘을 바라보며 먼 지평선에 넘어가는 노을을 그리면서 넓은 바다를 주름잡으며 밀려오는 고된 삶의 파도 소리와 그 파도가 해변의 석벽에 부서지는 물결의 파편을 보면서 인생에 대한 아픔의 진실을 나눌 수 있는 생활이어야 한다.[1]

박용자 시인은 좋은 환경 속에서 생활하다가 갑작스런 아픔을 만나서 잊은 듯이 살아가다가 그 아픔이 그리움, 모락모락 피어오르는 그리움이 시인의 마음속에 가득함을 알 수 있는 작품이다.

> 긴 세월 떠돌다 고향에 돌아오니
> 산과 들은 옛 모습 그대로인데
> 그 속에 든 것들이 낯설기만 하다
>
> 고향에도
> 세월 속 순리는 피하지 못한 듯
> 잡지 못한 과거 속 시간들만 그 속에 쌓여있어
>
> 아쉬움에
> 옛 친구의 골 깊은 주름 속에서나마
> 애써 추억 속의 고향을 찾아보려 한다
>
> ―「고향」 전문

우리 나이쯤 되면 고향에 가면 친구들은 하나도 없고, 돌아서 나오면 집을 지키던 개들이 컹컹 짖어대며 반겨줄 뿐 아무 의미도 없는 곳이 된다.

박용자 시인도 긴 세월 동안 떠돌다가 고향에 가면 세월 속에 순리를 피하지 못하고, 과거의 생각들만 소

---

1) 박영교, 『시와 독자 사이』 (도서출판 청솔, 2001) p.223

복이 쌓여 있을 뿐이다. 그래도 옛 친구의 골 깊은 주름살 속에서나마 추억을 느낄 수 있음을 떠올리고 있다. 아마도 급변하는 세월이 고향을 추억 속에 가두는 듯하다.

>자만심에 빠져
>소중한 것들을 놓치게 될 줄을
>그땐 정말 몰랐습니다
>
>오만과 편견 속에 시간은 흘러
>세월의 끝자락에 서고 보니
>부질없는 세월 속 작은 점이었음을 알 것 같습니다
>
>목숨줄 잡듯 오기를 부린 일들이
>자존심을 지키려 편견 속에 갇혀 힘들게 했음을
>세월 다 보낸 지금에야 알 것만 같습니다
>
>―「후회」 전문

박용자 시인은 자만심과 오만, 편견 오기로써 자기 자신의 소중한 것을 잃게 되었을 뿐만 아니라 자존심을 지키려고 힘들게 살아왔음을 지금에 와서야 알게 되었다는 것이다.

성 어거스틴(St. Augustine)은 첫째도 겸손이요 두 번째도 겸손이요 세 번째도 겸손이라고 했다. 우리 생활에 있어 자존심 또는 자만심을 세우다 보면 정말 귀한 것을 잃게 된다는 것을 세월이 다 지나고 나서 알게 된다. 사람이 늙지 않고 힘이 쇠하지 않는다면 세월이 간다 해서 깨닫겠는가? 겸손을 아는 것도 인간 성숙의 한 단계인 것이다.

　작품 「착각」이라는 작품 속에도 보면 내 자신이 잘난 줄만 알고, 똑똑한 줄만 알고, 해서 내 자신은 만들어지는 사람이 아니라 만들어 가는 사람으로 살아가야겠다는 것이라고 하는데 이 작품도 자만 또는 겸손을 되찾아야 하는 자신이라고 하겠다.

　　　저 산 닮은 심심(深心)이었다면
　　　들판 닮은 청심(淸心)이었다면
　　　강물 닮은 무심(無心)이었다면

　　　그땐
　　　사랑을 노래해도 행복할 수 있었음을
　　　수많은 세월을 보낸
　　　황혼의 끝자락에 서고 보니 이제야 알 것 같아요

　　　지금에서야 삼심의 마음을 안게 되었는데
　　　떠나간 사랑은 다시 안을 수 없으니
　　　서러운 이 마음부터 놓아 버려야겠지요

　　　　　　　　　　─「회한(悔恨)」 전문

　박용자 시인의 작품 「회한(悔恨)」은 우리 사람들이 살아가는 동안 많은 것을 느끼게 하는 작품이다. 젊음을 다 보내고 나서 생각해 보면, 내 발자국이 어떻게 찍혀져 왔는가를 뒤돌아볼 시간적 여유가 잦을 것이다.

　서산대사 시에 '답설야중거(踏雪野中去) 불수호란행

(不須胡亂行) 금일아행적(今日我行跡) 수작후인정(遂作後人程)' 이 시는 우리들이 살아가는 동안 함부로 어지럽게 살아가지 말라는 경고의 시이다. 후대의 후손들이 우리들의 발자취를 보고 걸어가야 할 이정표(里程標)가 된다는 것이다.

    당신이 떠난 자리에 나 혼자 있습니다
    지금부터는
    둘이 하던 일을 혼자서 감내해 가야 합니다

    수많은 세월을 보내며
    많고 많은 일 속에
    빠져 사느라 당신을 잊었나 했는데

    힘든 날에 생각나게 하고
    좋은 날에 그리워하게 되는
    당신은 내게서 떠난 것이 아니었습니다

    기쁨으로
    슬픔으로
    내 맘 깊은 곳에 남아 늘 함께 있었습니다

                ―「떠난 것이 아니었습니다」 전문

  박용자 시인의 작품은 읽으면 읽을수록 그 시에 빠져들어 가고 있음을 독자들은 잘 알고 있을 것이다. 아무 액세서리(Accessory)를 붙이지 아니한 순수 민낯의 시이다. 어느 시구(詩句)를 읽어보아도 잘 읽혀지며 시적 내용에도 무리가 없는 것을 독자들은 잘 안다.

위의 작품은 수많은 세월이 흘러서 지나며 일에 바빠서 당신을 잊고 산 것 같았으나 힘든 날, 좋은 날, 기쁠 때, 슬플 때에는 '내 맘 깊은 곳에 남아 늘 함께 있었습니다.' 이 한 구절이 삶의 전부를 대변해 주고 있다.

너의 눈동자 속에는
미움이 들어있다

누가 너를 그리 화나게 하는지
알 수는 없지만

굳어버린
너의 표정이
시간을 두고 봐도
거리를 두어 봐도

보는 이를
자꾸만 아프게 한다

애써 외면하는
너의 눈동자 속에는
미워하는 마음이 들어있다

아무리 숨기려 해도
힘들어하는
너의 마음이 숨어 있다

—「왜인지는 몰라도」 전문

우리 몸 전체가 100이라고 한다면 우리의 눈은 99라고 한다. 우리 몸 가운데 눈이 차지하는 비중이 그만큼 크다는 말이 아니겠는가? 우리의 눈은 마음의 창이라고 한다. 왜냐하면, 말은 하지 않아도 서로의 눈을 바라보면 그 사람이 무엇을 말하려고 하는지를 알게 되는 것이다.
　박용자 시인의 이 작품도 시인이 바라보는 사람이 누군지는 몰라도 박 시인이 상대방의 눈을 통해서 보는 마음의 세계를 훤히 꿰고 있음을 잘 말해 주고 있는 작품이다. 문학(文學)은 인간이 살아가는 길[道]이라고 생각한다. 문학은 사람이 살아가는 길에 뜨거운 눈물이 있는 정원(庭園)의 꽃향기이거나, 또는 춥고 삭풍(朔風)이 부는 날 따끈한 희망을 주는 내용이거나, 아니면 부패한 정치판 속에서 깨끗한 이슬을 건져 올리는 이야기라고 할 수 있다. 어려운 세상살이에서 보석(寶石) 같은 언어로 사람들에게 삶의 활력을 부여해 정신의 투혼(鬪魂)을 건져 올릴 수 있는 것이 바로 문학의 힘이며, 우리들에게 비춰지지 않는 정체성(Identity)을 잡아내어 일깨워주는 것이 문학이라고 생각한다.[2]

　　덩이 전체가 바위인 산
　　차갑지만 뜨거운 열정을 품은 큰 바위가
　　모두의 소원을 들어주려 한다

---

[2] 박영교, 「시조 작법과 시적 내용의 모호성」 (도서출판 천우, 2013), p.149

한발 한발 경건한 마음으로
소원을 가슴에 품고 그곳을 오르는 사람들의 설렘과
내려오는 사람들의 표정이 편안한 건 큰 바위 때문

큰 바위 아래 사람이 모인다
364일 동안 숨겨둔 너를 드러내는 오늘 하루
긴 시간을 기다려야만 겨우 만날 수 있는 너
모두가 초파일에 속 찬 것들을 비워내고 소망을 채워간다

무념 속에 흐르는 땀이 마음을 씻어주니
한발 한발 정성을 다해 찾는 사람 모두는
그곳에다 근심과 희망을 모두 놓아 버린 날이 된다

―「큰 바위」 전문

봉암사는 문경시 가은읍 원북리에 있는 유명한 사찰이다. 이 사찰은 평일에는 들어가지 못하고 부처님 오신 날만 개방한다고 한다. 이 절은 신라 헌강왕 때 지증대사가 창건하여 지금까지 내려오는 절이라고 한다.

이 절은 셔틀버스가 없고 화장실이 없다고 한다. 물론 화장실이 없다는 것은 절의 크기에 비해 없다는 표현이 아니겠는가? 들어갈 때는 30분이 걸리고 나올 때는 무려 3시간이 걸린다고 한다. 그 절을 찾아가는 사람들은 근심과 걱정을 다 내려놓고 오는 날 즉, 부처님 오신 날이 모든 불자들에게 희망을 주는 날이 된다.

작품 「날씨 좋은 봄날에」는 부제 ― 큰 올케를 보내며가 붙어 있다. 작품 하반부이다.

화려함 뒤에 숨어 있는 아픔을
그 누가 알겠소만
한 줌 가루 되는 날에
날씨까지 좋은 건
평소의
당신의 모습인 듯합니다

혼자 가는
그 길 끝에선 부디
사랑하는 이를
맑은 모습으로 만나세요
따뜻한 봄날처럼
그렇게 만나세요

이승의 아픔일랑
이제 그만 놓으세요
사랑하는 이와 만나거든
행복하십시오
사진 속 당신이 웃고 있는
그때 그 시절처럼 그렇게 행복하세요

―「날씨 좋은 봄날에」 일부

 이 작품을 읽으면서 박용자 시인의 인간적인 너무나 인간적인 생활에 누구나 눈물을 감출 수 없었을 것이다. 저세상에 가서 사랑하는 이를 만나거든 행복하게, 그리고 이승의 그때 그 시절처럼 행복하게 사시라는 당부의 말씀이 가슴 아프게 한다.

슬픔을 나누고 싶다면
말없이 손을 잡아 주는 것

슬픔을 나누고 싶다면
눈으로 말해 주는 것
슬픔을 나누고 싶다면
알아도 모른 체 해주는 것

슬픔을 나누고 싶다면
혼자만의 시간을 갖게 두는 것

슬픔을 나누고 싶다면
곁에서 조용히 지켜봐 주는 것

―「슬픔을 나누고 싶다면」 전문

  박용자 시인의 작품 「슬픔을 나누고 싶다면」은 짧으면서 독자들에게 던져주는 이미지가 매우 크다.
  같이 눈물을 흘리며 안아주거나 함부로 말을 건네주는 슬픔은 슬픔을 함께 나누는 것이 아니라는 것이다. 진정 슬픔을 나누는 일은 말없이 손을 잡아주는 것. 눈으로 말해 주는 것. 알아도 모른 체 해주는 것. 혼자만의 시간을 갖게 해 주는 것. 조용히 지켜봐 주는 것이 시인의 생각인 것이다.

그곳이 얼마나 좋은지
가면 소식이 없다

사랑하는 사람들이 하나둘
그곳으로 가버리니

남은 사람 서러워
그곳을 보고 또 본다

한번 떠나면
다시는 올 수 없는 곳

뒤도 돌아보지 않고 가 버리는
그곳이 얼마나 좋은지 궁금하고 궁금하다

—「저승길」 전문

  박용자 시인의 작품 「저승길」은 전 5연으로 구성되었으나 '그곳이 얼마나 좋은지/ 가면 소식이 없다.' 이 첫 연 하나만으로 시 전체를 가늠할 수 있는 작품이다. 한번 떠나면 다시 올 수 없는 곳, 박 시인은 뒤도 돌아보지 않고 떠나는 그 길이 궁금하고, 또 궁금하다고 토로하고 있다. 다시 올 수 없는 길을 떠난 사람은 그 누구든 상대방에게 그리움의 대상으로 남을 것이다.

내게 부는 바람이 버거운데
세상 사람들은 지나는 흔한 바람으로만 알아
아무도 몰라주는 허허로움에 하루가 슬프다

내 맘 아픈 건 내가 잘 아는 것을
내 맘 달래주는 이 나밖에 없음도 잠시 잊은 듯
남에게 기대 보려던 나약한 내가 보인다

흔들리는 맘을 애써 끌고 와 곁에 두고 보니
　　그 바람 안는 것도 보내는 것도
　　다 내가 하는 것임을 잠시 잊고 헤매던 내가 보인다

　　　　　　　　　　　　「바람이 분다 1」 일부

　박용자 시인은 작품 「바람이 분다 1」을 통해 자신이 살아가는 길이 세찬 바람에 나무가 흔들리는 것처럼 너무 어렵다는 것을 안다. 나 자신이 아픈 것, 그것을 달래주는 것, 그 모든 것은 나밖에 없음도 잘 알고 있다.
　이 흔들리는 맘을 끌고 와 곁에 두고 보니 보내는 것도 그것을 안고 살아가야 할 이도 나 자신임을 잘 알게 되었다. 누구에게 기대고 싶지만, 그것은 다 허사이고 남는 것은 내 마음속에 있는 나 자신임을 알게 되었다는 것이다.
　작품 「바람이 분다 2」에서는 '바람이란/ 예고 없이 찾아오는 줄은/ 진즉에 알고는 있었지만/ 오늘 /이 바람이 버거워지는 건/ 내 속에/ 숨겨진 자만심의 크기 때문이다.'라고 언급하고 있다. 박용자 시인은 그 바람을 스스로 이겨내고 굳은 마음을 갖고 잘 살아가는 시인이다.
　문학작품은 그 시인이나 작가에 있어서 살아있는 영혼의 꽃이다. 그러므로 시인들은 자기 창작품에 대해서 발표하기 직전까지도 퇴고와 번민을 되풀이하게 된다. 자기 작품에 대해서는 항상 자신의 진실과 인격과 명예가 함께함을 생각하지 않을 수 없기 때문이다. '시는 시인 그 자체이다.'라는 말도 있다. 즉 시를 읽어보면 그 시인의 인격과 믿음, 정의감과 지적 수준, 문학적 소양, 그의 생활양식 등 많은 것을 내포하고 있어서 그런 말을 할 수 있는 것이 아닌가 한다.[3]

  이상에서 박용자 시인의 작품을 잘 읽어보았다. 그의 작품 속에는 앞에서 언급한 것과 같이 시인의 인격과 믿음, 정의감과 지적 수준, 문학적 소양, 그의 생활양식 등을 유추할 수 있다. 그의 작품 특징은 가슴 아픈 이야기도 어렵지 않게 말하듯이 풀어나갈 뿐만 아니라 마치 누에고치에서 명주실을 뽑아내듯이 쉽게 이끌어 내는 것이라고 할 수 있다.
  시인이란 마음의 병을 앓아보지 못한 사람이 얻을 수 있는 영예의 훈장은 아니다. 이 마음의 병이 깊을수록 그만큼 작품의 깊이도 더해져 심도 있는 작품을 창출해 낼 수 있는 것이다. 그러므로 시인이 생산해 낸 속 깊은 작품의 힘은 그것을 통해 사람의 생명을 살리기도 하고, 한 시대의 사상을 바꿀 수 있는 근원이 되기도 한다.
  박용자 시인의 이력을 보면 다른 사람을 위해 봉사활동도 많이 하고 학생들에게 장학사업도 하였으며, 지역사회의 발전을 위해 많은 노력을 아끼지 않으신 분이다. 자연을 벗 삼아 농사도 오랫동안 함께 하였다는 것도 알게 되었다.
  지금도 좋은 작품이지만 앞으로 더욱 훌륭한 작품을 써서 독자들의 마음을 치유할 수 있고, 사람의 생명을 살릴 수 있는 시인이 되기를 바라는 바이다.

---

3) 박영교, 『시의 운율과 미학』 (도서출판 천우, 2019), p.125

문학세계대표작가선 916

바람이 분다

박용자 시집

인쇄 1판 1쇄　2020년 3월　3일
발행 1판 1쇄　2020년 3월 10일

지 은 이 : 박용자
펴 낸 이 : 김천우
펴 낸 곳 : 도서출판 천우
등　　록 : 1992. 2. 15. 제1-1307호
주　　소 : 서울시 성동구 무학봉28길 6 금융빌딩 2F
전　　화 : 02)2298-7661
팩　　스 : 02)2298-7665
http://moonhak.wla.or.kr
E-mail : chunwo@hanmail.net

ⓒ 박용자, 2020.

값 10,000원

* 도서출판 천우와 저자의 서면 동의 없는 무단 전재 및 복제를 금합니다.
* 저자와의 협의에 따라 인지는 생략합니다.

ISBN 978-89-7954-802-0

이 도서의 국립중앙도서관 출판예정도서목록(CIP)은 서지정보유통지원시스템 홈페이지(http://seoji.nl.go.kr)와 국가자료공동목록시스템(http://www.nl.go.kr/kolisnet)에서 이용하실 수 있습니다. (CIP제어번호: CIP2020007265)